엄마와 함께 보는 글로연 박물관 시리즈 ❺

쉿! 박물관에 암호가 숨어 있어요

전통문양으로 우리 문화 읽기

이 책이 나오기까지 도움을 주신
각 박물관 관장님과 학예연구사님께 깊은 감사를 드립니다.

엄마와 함께 보는 글로연 박물관 시리즈 ❺
쉿! 박물관에 암호가 숨어 있어요
전통문양으로 우리 문화 읽기

제1판 1쇄 발행 · 2010년 11월 25일
제1판 4쇄 발행 · 2017년 7월 17일

글 · 박물관이야기
그림 · 허현경
사진 · 민병훈
기획, 편집 · 오승현
디자인 · 나비

펴낸 곳 · 글로연
펴낸 이 · 이희원
주소 · 서울시 영등포구 당산로 41길 11, SK V1센터 W동 1104호
전화 · 070-8690-8558
홈페이지 · www.gloyeon.com
전자우편 · shoh25@hanmail.net
팩스 · 02-325-8586

출판등록 · 2004년 8월 23일
등록번호 · 제313-2004-196호

ISBN 978-89-92704-25-0   63300

저작권자와 맺은 계약에 따라 검인은 생략합니다.

이 책은 저작권법에 따라 보호받는 저작물이므로 무단전재와 무단복제를 금지하며,
이 책의 내용 전부 또는 일부를 이용하려면 반드시 저작권자와 출판사의 서면 동의를 받아야 합니다.
박물관의 사정에 따라 책에 소개된 전시물은 바뀔 수 있습니다.

유물 사진 제공 | 조선민화박물관, 숙명여자대학교박물관, 숙명여자대학교정영양자수박물관, 경기도자박물관

엄마와 함께 보는 글로연 박물관 시리즈 ❺

쉿! 박물관에 암호가 숨어 있어요

전통문양으로 우리 문화 읽기

박물관이야기 지음

글로연

여는 글
전통문양은 조상들이 쓰던 암호?

"와~ 이 용은 무섭게 생겼어요!"
"으응? 이건 운용문도자기라고 적혀있는데 용이 어디 있어요?"
"이게 용이에요? 용처럼 안 보여요. 물고기? 뱀?"
"으~하. 정말 웃기게 생겼어요."
"지난번 박물관에 갔을 때 임금님 옷에 용무늬가 있었어요!"
"여기엔 아주 큰 꽃이 있어요!"
"무슨 꽃이에요?"

박물관을 다니다보면 어느 박물관을 가더라도 빠지지 않고 볼 수 있는 것이 있지요. 바로 무늬, 문양입니다.
 아주 오래전부터 사람들은 아름답게 보이기 위해서 옷에, 집에, 생활용품에 문양을 넣었습니다. 그리고 또 기호나 글자처럼 문양에도 약속된 의미를 붙여 사용했습니다. 그래서 문양은 그 자체로도 아름답지만 사람들의 생각이 담겨 진다는 점에서 더욱 뜻이 깊답니다. 특히 우리의 '전통문양'에는 잘 먹고 잘 살고 싶었던 옛사람들의 소망들이 그대로 담겨 있어 '전통문양'을 보기만 해도 당시 사람들의 생각과 생활 모습을 읽어낼 수 있습니다. 때문에 '전통문양'은 우리의 전통문화를 해석할 수 있는 암호입니다. 그 암호를 읽을 수 있다면 전통문양을 보고 우리 문화의 의미를 알 수 있을 것이라는 생각에 이르렀습니다. 〈박물관이야기〉는 곧바로 세 번째 책을 준비했습니다. '전통문양'을 주제로 한 것이지요.
 전통문화의 암호를 풀기 위해 이번 책에서는, 전통문양이 가장 잘 드러난 민화와 자수, 도자기를 선택하고 박물관을 골랐습니다. 민화는 조선민화박물관, 자수는 숙명여자대학교박물관과 정영양자수박물관, 도자기는 경기도자박물관을 엮어 다루었지요. '전통문양'이라는 프리즘을 통해 유물을 이해하고 박물관에 담겨있는 이야기를 찾아낸 것입니다.

이렇게 박물관 전체를 통째로 보는 것이 아니라 주제를 잡고 주제와 연관된 박물관과 유물을 보면 훨씬 쉽고 재미있게 이해할 수 있습니다. 이것이 쌓이면 나의 관점과 시각이 저절로 생기게 되고, 관심영역 또한 자연스럽게 넓어진답니다. 그러다 보면 스스로의 공부법을 찾아갈 수 있게 되고, 그것이 바로 요즘 중요시되는 '자기주도학습'의 시작이 될 것입니다.

〈박물관이야기〉가 늘 외치는 '주제로 박물관 보기'의 힘이 자기주도학습 능력을 키워가는 훌륭한 방법이랍니다. 박물관에 가기 전에 잊지 말고 꼭 생각하세요.

'내가 보고 싶은 걸 보러 박물관에 간다.'
'박물관에서 이야기를 찾자.'
'보려고 하는 주제를 잡고 박물관을 보자.'

모쪼록 이 책이 많은 사람들에게 읽혀져 박물관에서 전시물을 볼 때마다 "음~ 출세를 하고 싶었던 거야." "이건 왕실 물건이네." "여기 엄마는 자식이 건강했으면 하는 마음이 절절하네." "이 사람은 부자가 되고 싶었구나." 하며 전통문양을 통해 문화를 이해하는 깨달음의 소리가 넘쳐나길 꿈꾸어 봅니다.

2010년 11월
박물관이야기 오현애, 남경애, 이찬화

차례

그림언어, 문양   8
전통문양 소개 마당   10

민화, 그림으로 꾸는 꿈   20
| 조선민화박물관 |

민화?   24
대문은 우리가 지킨다   32
● 어흥, 나 호랑이야   37
사랑방에서 피어나는 출세의 꿈   40
행복을 꿈꾸는 안방   48
잔치 잔치 열렸네   51
조상과 신을 모시다   53
● 바리데기 바리공주 이야기   56
박물관 현장활동지   58

자수, 실과 바늘의 마술
| 숙명여자대학교박물관, 숙명여자대학교정영양자수박물관 |

자수?   66

규중칠우를 찾아라!　　72
● 규중칠우쟁론기　　74
태어나 어른이 되었어요　　76
생활의 멋　　86
오래된 예술을 찾아서　　89
임금님 옷은 용 옷　　90
신하들의 흉배　　92
신부의 혼례복은 어디나 화려해　　94
아이들에겐 좋은 것만 가득　　97
박물관 현장활동지　　98

도자기, 가장 오래된 발명품
| 경기도자박물관 |

도기? 자기? 도자기!　　104
도자기의 모든 것　　108
● 온 몸으로 상감청자를 만든 어느 도공의 슬픈 이야기
세상에서 으뜸가는 고려청자　　126
화장한 청자, 분청사기　　131
● 명품 개밥그릇 이야기　　134
조선의 마음을 담은 백자　　135
경기도자박물관 분원 분원백자자료관　　142
박물관 현장활동지　　144

그림언어, 문양

'문양'이 뭐냐고? 쉬운 말로 하면 무늬야. 지금 입고 있는 옷에도 무늬가 있을 거야. 어떤 무늬지? 체크무늬? 동물무늬? 아님 꽃무늬? 물방울무늬? 아무 무늬도 없다고? 그러고보니 우리 주변에 무늬가 없는 것이 거의 없네. 입는 옷에도, 가방에도, 필통에도, 공책에도, 그릇에도, 벽지에도, 우산에도, 덮고 자는 이불에도……

언제부터 무늬를 그려 넣기 시작했을까? 아주아주 오래전이지. 빗살무늬토기를 생각해 봐. 토기에 //// 이런 무늬가 새겨져 있잖니? 빗살무늬토기는 신석기시대 사람들이 썼던 것이니까 그 당시에도 벌써 무늬를 사용했던 거야. 그래서 그런지 '무늬의 역사가 바로 인류의 역사다.' 라는 말도 있단다.

왜 무늬를 넣었을까? 당연히 멋지게 보이려고 넣었겠지. 아무 것도 없으면 밋밋하긴 할 거야. 그런데 말이야. 옛날 사람들은 해와 달과 바람과 물, 돌과 같은 자연을 포함해서 이 세상에 일어나는 모든 일과 물건에 의미를 담아내려고 했어. 이것을 어려운 말로 '상징'이라고 하는데 무늬에도 어떤 뜻을 붙여 표현했던 거야. 해는 둥근 원으로, 땅은 네모로, 또 날아다니는 새는 사람들에게 하늘의 뜻을 전해주는 전달자로 생각했지. 사람들은 무늬만 보고도 그게 무슨 뜻인지 척척 알 수 있게 되었어. 그래서 무늬를 '그림언어'라고도 한단다.

무늬는 지역, 나라마다 나름의 독특한 특징을 가지고 오랫동안 전해져 내려오는데, 이걸 '전통문양'이라고 해. 그래서 전통문양은 그 안에 담고 있는 이야기가 더욱 중요하게 여겨지는 것이란다. 작은 무늬 하나에도 커다란 세상 이야기가 깃들여 있기도 하거든. 또 무늬를 사용할 때도 그 의미에 따라 물건의 쓰임이 달라지기도 하고, 사용하는 데가 달라지기도 했어.

전통문양은 주로 어디에 쓰였을까? 옷? 맞아. 옷과 장신구, 신발, 모자에서부터 그릇, 도자기, 그림, 가구, 병풍, 이부자리 등 지금처럼 생활 주변 곳곳에 쓰였단다. 그뿐만이 아니야. 건물에도 전통문양은 등장해. 궁궐의 지붕에도 돌계단에도 그리고 기와, 대문, 담장에도 어김없이 들어가 있단다.

무늬에는 어떤 이야기가 담겼을까? 누구나 바라는 소원인 '이 세상에 태어나 행복하게 부귀영화를 누리면서 병 없이 편안하게 오래오래 살고 싶다.'는 것이었을까? 조상들은 '오복'을 누리며 사는 삶이 가장 행복하다고 생각했어. 오복이란 다섯 가지 복인데 '오래오래 부자로 건강하고 편안하게 살며(수복강녕), 인격을 갖추고(유호덕), 하늘이 내려준 날까지 사는 것(고천명)'이란다. 문양에도 이런 이야기가 고스란히 담겼어.

전통문양 소개 마당

용

난 사람들의 상상 속에서만 사는 동물이야. 머리는 기린, 몸은 뱀, 피부는 물고기의 비늘을 닮았지. 그뿐만이 아니야. 독수리의 발톱, 호랑이의 발바닥을 가졌단다. 하늘과 땅, 바다에 사는 동물들을 내 몸에 다 가지고 있는 거라고. 모든 동물의 우두머리답지? 흠흠. 사람들은 내가 구름을 일으키고 비를 다스리며 크기를 마음대로 변화시킨다고 생각했어. 그래서 왕이나 왕비, 그리고 그 가족들만 나를 무늬로 사용할 수 있었단다. 조선시대에 임금과 관련된 말은 이 용님을 빼고는 이야기가 안 될 정도야. 왕의 얼굴은 용안, 입는 옷은 용포, 앉는 의자도 용좌라는 말을 썼거든.
보통 사람들에게 나는 큰 희망과 성취의 상징으로 여겨졌어. 용이 되어 오른다는 등용문이라는 말이 바로 출세의 상징처럼 되어 있잖니?

우리 고유말로 용을 부르는 말이 있지. 뭔지 아는 사람? ▶ 용님 미르

거북

나는 다른 동물들처럼 상상 속에서 오래 사는 것이 아니야. 진짜로 오래 살아. 일백 년을 넘게 살기도 하지. 십장생클럽 회원이냐고? 물론이지!
내가 오래 사니까 사람들은 미래를 내다 볼 수 있다고 생각했나 봐. 내 등껍질을 불에 구워 갈라지는 모양을 보고 미래가 좋을지, 나쁠지 점을 쳤어. 으~ 난 정말 괴로워. 뜨겁다고요!

봉황

나도 용처럼 상상 속 동물이야. 믿거나 말거나 용이 학과 결혼해서 나를 낳았다는 전설도 있어. 나는 성군이 나타날 때나 살기 좋은 세상인 태평성대를 미리 알려주는 새라고 알려져 있지.

내 생김새를 말해 줄게. 머리는 닭, 턱은 제비, 목은 뱀, 다리는 학, 꼬리는 물고기, 등은 거북, 발톱은 매를 닮았지. 깃털은 오색 빛이 나고 다섯 가지의 아름다운 울음소리를 내. 또 내가 하늘을 날면 많은 새들이 뒤를 따라 난단다. 내가 죽으면 모든 새들이 탄식하며 슬피 울지. 게다가 사람들은 내가 오동나무에서 살고, 천년에 한 번 열리는 대나무 열매만 먹고, 살아있는 풀 위에도 앉지 않는다고 믿었어.

조선시대엔 나의 이런 모습이 왕이 꼭 닮아야 할 모습으로 여겼어. 그래서 궁궐을 장식할 때 내 모습을 많이 사용하더라고. 그리고 왕비가 꽂았던 비녀나 옷에도 봉황이 등장하지. 용이 왕을 상징했다면, 나 봉황은 왕비를 상징했거든. 백제의 금동대향로 꼭대기에 앉아있는 새도 바로 나야.

기린

목이 긴 아프리카의 기린이냐고? 노노노노! 난 봉황처럼 어진 임금이 나타나거나 세상이 태평해질 때 나타난다는 아주 기분 좋은 동물이야. 보통 사람들에겐 성공과 희망, 행복을 가져다주는 나는 용과 봉황, 거북과 함께 신비로운 동물클럽인 사령클럽 중의 하나로 유명하지. 나는 이마엔 뿔이 있고, 사슴의 몸통과 소의 꼬리, 말의 발굽, 갈기 달린 네 개의 다리를 가졌지. 하루 천 리를 달린다고 알려져 있단다. 이런 나를 보고 재주가 뛰어나고 지혜로운 젊은이를 가리켜 기린아(麒麟兒)라고 불렀어.

해치
해태

사람들은 나를 종종 해태로 부르고 있는데 내 원래 이름은 해치야. 좋은 것과 나쁜 것을 판단하는 신성한 동물이면서 화재나 재앙을 물리치는 신으로 통하지. 나는 사람들이 나쁜 행동을 하거나 못된 생각을 하면 참을 수가 없어. 좀 과격하긴 하지만 정수리에 난 뿔로 들이받아 버린단다. 또 잘못된 말을 하면 입으로 물어 버려. 그러니 당연히 정직의 상징이 되어 궁궐이나 사헌부 관리의 흉배, 만화에 곧잘 등장했단다. 요즘에도 국회의사당, 대법원, 검찰청, 국방부 건물 앞에서 어김없이 나를 만날 수 있어. 내가 그곳에 있는 이유는? 정의의 편에 서서 모든 일을 바르게 하겠다는 마음을 담은 거야.

서울 광화문광장에는 해치광장도 있으니 날 보러 와! 난 누구를 닮았을 것 같니? 소 같기도 하고 개를 닮은 것 같기도 하고, 또 사슴·양·사자의 모습을 닮은 것 같기도 하지. 머리에는 뿔이 나 있고 몸은 비늘로 덮여 있어. 목에는 방울을 달고 있으며 겨드랑이에는 날개를 닮은 깃털을 가지고 있단다. 무섭게 생겼을 것 같지? 아니야, 아니야. 은근히 귀여운 나를 꼭 기억해줘.

까치

"깍깍~~" 아침에 내가 울면 어른들은 모두 한마디씩 해. "오늘은 반가운 손님이 오시려나?" 왜? 나는 좋은 소식을 알려주는 새로 여겼기 때문이지. 그래서인가, 옛날 어르신들은 나에게 남다른 대접을 해주셨어. 가을이면 주렁주렁 달린 맛있는 감을 먹으라고 다 따지 않고 내 것도 남겨 주셨거든. 바로 까치밥! 내 이야기는 여기서 끝나지 않아. 우리 까치의 설날도 있지. "까치 까치 설날은 어저께고요, 우리 우리 설날은 오늘이래요~~"

기러기

우리들은 무리를 이루어 살아. 한 번 결혼을 하면 한 쪽이 죽어도 다른 짝을 구하지 않는단다. 그래서 옛날에는 혼례식 때 신랑이 신부 어머니께 우리 기러기를 드리는 것으로 예식을 시작했지.
우리 이동할 때 경험 많은 형님을 따라 V자로 줄지어 날거든. 그런 우리를 보면서 사람들은 질서를 떠올리곤 해.

원앙

나도 기러기처럼 금슬 좋은 부부를 나타내는 대표선수야. 짝을 잃으면 서로 새로운 짝을 얻지 않는 건 마찬가지거든. 그리고 우리는 하늘을 날 때도 둘이 어깨를 나란히 붙여 난단다. 우리 원앙 수컷은 꼭 멋진 원앙 뽑기 대회를 열어. 왜냐고? 아름답게 보여야 암컷에게 선택 받거든! 그리고 또 하나 중요한 사실은, 이 몸은 천연기념물로 지정되어 보호를 받고 있다는 점이야.

학

나로 말할 것 같으면, 흠~ 날개 달린 동물들 중의 우두머리야. 봉황 다음으로 이름 높은 새지. 새들 중에 가장 오래 살고, 구름 사이를 난다고 해서 선학(仙鶴 신선 선, 학 학)이라 불렸어. 신선들이 나를 타고 다녔다는 말씀! 나는 천년을 살면 푸른색의 청학이 되고, 또 천년을 더 살면 검은색 학이 되는 불사조로 여겨졌어. 천살 청학이 산 곳이 어디게? 지리산 청학동! 바로 그곳에서 살았단다. 옛날 선비들이 가장 아낀 새가 누구라고? 흠~ 바로 나야 나~.

13

호랑이

"어흥!" 무섭지? 대문에 떡하니 붙어있는 나를 보면 나쁜 기운들은 꼼짝 달싹 못해. 나의 용맹함이 사람들을 괴롭히는 것들을 물리칠 수 있다고 생각한 것이지. 그래서 나는 용감한 무사의 상징으로도 여겨졌단다. 그런데 또 한편으론 나한테 담뱃대를 물리고, 곶감 소리만 들어도 도망가는 어수룩한 이야기도 만들어 냈어. 나를 만만하게 만들어 친해지고 싶었나봐. 무서운 것 보다 친한 게 좋긴 해.

사슴

보약 가운데 으뜸으로 쳐주는 것은? 녹용! 딩동댕. 바로 나의 뿔이란다. 사슴뿔 녹(鹿)이 복 녹(祿)과 발음이 비슷하다고 해서 복의 상징으로도 여겼어. 사람들은 내가 천년을 산다고 믿었는데 그 덕에 십장생(죽지 않고 오래 사는 열 가지 생물)클럽 회원이 될 수 있었단다.

닭

신라의 박혁거세, 고구려의 주몽, 가야의 수로왕. 이들의 공통점은? 모두 나라를 세운 사람들! 정답! 그리고 또 하나 있어. 알에서 태어났다는 이야기 속의 주인공들! 나도 알을 낳으니 나라를 세우는데 큰 역할을 한 거 맞지? 옛날 사람들에게 나는 시계였어. 왜냐고? 수탉은 거의 정확한 시간에 울기 때문에 그 울음소리로 시간을 알았거든. 게다가 사람들은 내가 새벽에 우는 것을 보고 귀신을 쫓아 밝은 세상을 맞이하게 한다고 생각했단다.

잉어

물고기 중에서 가장 많이 사랑받았던 몸이 바로 나, 잉어야. 나이가 들어 폭포 위로 뛰어올라 성공하면 용이 된다는 전설이 바로 내 이야기라고. 등용문이라는 말의 주인공이 이 몸이란 말이지. 내가 출세를 상징하는 대표선수라는 게 당연하지? 조선시대엔 선비들이 과거시험을 보러 갈 때면 나를 그린 그림을 꼭 품고 갔단다.

물고기

나의 특징 하나, 알을 많이 낳아. 그래서 사람들은 자식을 많이 낳고, 또 부자로 살고 싶은 마음에 나를 문양으로 즐겨 썼어.
나의 특징 둘, 잘 때도 눈을 감지 않아. 밤이고 낮이고 눈을 부릅뜨고 있으니 부지런하다고도 생각했어. 급기야는 밤낮없이 재산을 지키라고 자물쇠를 내 모양으로 만들어 떡하니 붙여 놓더라고.

조상들 사이에서 오랜 세월동안 사랑받았던 문양들이 한 자리에 모였네. 모두 한마디씩 하는구나. 뭐라고 하는지 들어 볼까?

박쥐

캄캄한 동굴 속에 사는 내가 복을 뜻하는 문양이라니까 못 믿겠다고?
내 얘길 들어 봐. 중국어로 나를 부르면 발음이 복(福)과 거의 비슷해.
나를 부를 때마다 자연스럽게 복을 말하게 되니까 복이
절로 들어온다고 믿게 된 거야.
조선시대 후기에 가장 유행했던 문양이 바로 나,
박쥐문양이라는 말씀!

모란

나보다 큰 꽃 있으면 나와 봐. 크고 아름다운 꽃송이 때문에 나는 부귀
를 상징하는 대표적인 꽃이 되었지. 여러 송이가 함께 어우러져 핀 나를
보며 사람들은 부귀영화를 누리며 화목하게 지내는
가정을 상상하곤 했단다.
혼례와 같은 경사스런 날에는 나를 새긴 병풍을
꼭 사용했어. 난 정말 귀한 몸 아니니?

연꽃

내가 문양으로 사용된 데에는 불교의 영향이 컸어. 불교의 상징이 연꽃이
거든. 나는 더러운 물에서도 아름답게 잘 자라기 때문에 순수하
고 깨끗함의 상징이 되었지.
꽃과 열매가 같이 있고, 뿌리가 사방으로 널리 퍼지는
내 모습을 보고 사람들은 생명의 창조와 번식의 상징으로
떠올렸어.

매화

겨울이 지나 가장 먼저 봄소식을 알려주는 꽃이 바로 나, 매화야. 소나무, 대나무와 함께 추운 겨울을 이기는 것으로 더 유명하지. 눈 속에서도 꽃을 피우고, 우아한 향기를 지닌 나는 높은 인품을 상징하는 문양으로 많이 쓰였어. 이런 대접을 받으니 추운 겨울을 이겨낸 보람이 있는 것 같아.

국화

나로 말할 것 같으면 신선의 꽃으로 늙지도 죽지도 않는다고 알려졌어. 늦서리에도 잘 견디는 나를 보고 변하지 않는 성품을 지녔다고 여겨 선비들이 특히 좋아했지. 아~ 선비들은 화려한 꽃 모양새보다 꽃의 진정한 아름다움을 볼 줄 아는 멋진 분들이셔.

대나무

나의 매력은 늘씬한 몸매에 쭉 뻗은 키! 사시사철 푸른 잎을 지니고 곧게 자라는 내 모습은 선비의 지조와 절절을 나타낸단다. '대쪽같다'는 말은, 절대 굽지 않는 대나무 같다는 뜻으로 불의에 타협하지 않는 모습을 비유하는 말이지! 어때? 멋지지?

당초
덩굴풀

나는 덩굴을 이뤄 끝없이 뻗어간단다. 내 모습을 보고 사람들은 무슨 생각을 했을까? 그래. 맞았어. 끝없이 이어지는 생명력, 장수를 떠올렸지! 나는 고대 이집트에서도 사랑받던 무늬란다. 정말 생명력이 길지?

17

석류

빨갛게 익어 입을 벌린 내 입 속을 본 적이 있니? 빈틈없이 빼곡하게 열매가 꽉 채워져 있어. 사람들은 그 모양을 보고 자손이 그 만큼 많아지길 소망했지. 맛이 시어서 임산부들의 입맛에도 맞는 과일이거든. 내 모양을 좀 봐. 복주머니를 닮았잖아? 대대손손 자손도 번성하고 복도 많이 들어오라는 의미로 나만한 게 또 있었겠니?

복숭아

'삼천갑자동방삭~'이라는 이름을 들어본 적이 있니? 아주 오래오래 살았다는 전설의 인물이야. 그가 오래 살았던 이유를 알아? 바로 삼천 년마다 꽃이 피고, 삼천 년마다 열매를 맺는 곤륜산 신선의 복숭아를 훔쳐 먹었기 때문이지. 그래서 난 장수를 비는 자리엔 꼭 초대된다고!

불수감

내 이름을 처음 들어본다고? 난 감귤류에 속하는 과일이야. 우리나라에선 잘 볼 수 없었던 과일이지. 부처님 손을 닮았다고 나를 이렇게 부르는데다가 불과 복이 소리가 비슷하다고 해서 복을 가져다준다고 생각했어.

다복(多福), 다수(多壽), 다남(多男). 삼다의 대표 선수는?

정답 ▶ 불수감, 복숭아, 석류

포도

끊임없이 덩굴을 이어나가는 나를 보고 사람들은 자손이 끝없이 이어지기를 바랬나봐. 또 내가 송이채 달려있으면 여간 탐스럽지 않냐? 포도송이처럼 복이 주렁주렁 달리길 소망했단다.

영지버섯

죽어가는 사람도 살리고, 또 죽지 않고 오래오래 살게 하는 것은? 바로 나 영지버섯이야. 불로초로 믿어졌지. 사람들은 일 년에 세 번이나 꽃을 피우는 나를 귀한 식물로 여겼거든. 신선이 먹는 약초라 생각했을 정도야. 요즘 건강식품 코너에서 쉽게 살 수 있는 나로서는 상상도 못할 일이지 뭐니?

나비

훨훨 날아 다니는 나를 보면 기분이 좋아지지? 나는 동서양을 막론하고 즐거움과 행복, 아름다움을 상징한단다. 삼월 삼짇날 아침에 노랑나비나 호랑나비를 보면 그 해의 운수가 좋다고 믿기도 했어. 나는 여자들의 장신구에 특히 많이 쓰였는데, 부부의 금슬과 자손 번창의 염원을 담았던 것이지.

태극

옛날 사람들은 우주의 모든 만물이 양의 기운과 음의 기운으로 이루어져 있다고 믿었는데, 음과 양의 본래 모습이 바로 이 태극님이지. 나 태극 무늬가 보이면 음과 양이 조화를 이루고, 다산과 풍년, 영원, 우주 등을 뜻한다고 생각하면 된다는 말씀!

문자

글자도 무늬로 쓰였단다. 무늬로 변신한 가장 대표적인 글자가 수(壽 목숨 수), 복(福 복 복), 희(喜 기쁠 희)야. 예나 지금이나 오래 살기를 바라지만 의학이 발달하지 않은 시대에 살았던 옛날 사람들은 장수에 대한 바람이 더 간절했던 것 같아.

만(卍 만자 만)과 아(亞 버금 아)도 많이 쓰였는데 글자를 이으면 그 모양이 끝 없이 이어져서 영원을 상징해. 아주아주 오랫동안 살기를 바라는 마음을 담은 모양이야. 특히 卍자는 태양의 움직임을 나타내기도 하고 길상수복이 모이는 곳으로도 생각했단다.

십장생

'십장생 클럽'은 말 그대로 오래오래 살거나 없어지지 않는 열 가지 상징들의 모임이야. 경복궁 자경전 뒤뜰에서도 십장생 클럽 회원들을 만날 수 있지. 우리 클럽엔 때에 따라 달과 물이 회원으로 들어오기도 해.
뭐? 그땐 '십이장생 클럽'으로 이름이 변하냐고?

십장생 클럽 회원들이 누구인지 알려 줄게.

해는 세상을 밝게 비춰주고, 산은 변하지 않고,
구름은 이 세상을 벗어난 신성한 곳이며,
물은 깨끗하며, 사계절 푸른 소나무는 굳은 절개,
휘지 않고 푸르른 대나무와 학은 높은 기상,
사슴은 착함과 평화, 거북은 장수와 복,
불로초는 늙지 않고 오래 산다는 의미를 가지고 있단다.

조선민화박물관

민화?

　민화의 한자말을 풀이하면 '民畵 백성 민, 그림 화' 란다. 백성들 사이에 널리 퍼져 있던 그림이란 말이지. 민화를 그린 사람도 정식으로 그림교육을 받지 않은 이름 없는 화가들이야. 이곳저곳 떠돌던 화가들이 사람들의 주문에 따라 그림을 그려주었거든. 그래서 솜씨도 서툴고 엉성하지만 기발하고 자유로운 표현이 매력적이지. 낙관(화가들이 그림에 자기가 그렸다는 표시로 글씨를 쓰고 도장을 찍는 것)도 없어서 누가, 언제 그렸는지 알 수 없는 것이 대부분이란다. 경제가 발달하고 서민들의 생활이 풍요로워졌던 조선 후기에 유행했어. 오늘날, 민화는 가치 있는 옛그림으로 새롭게 주목 받고 있단다.

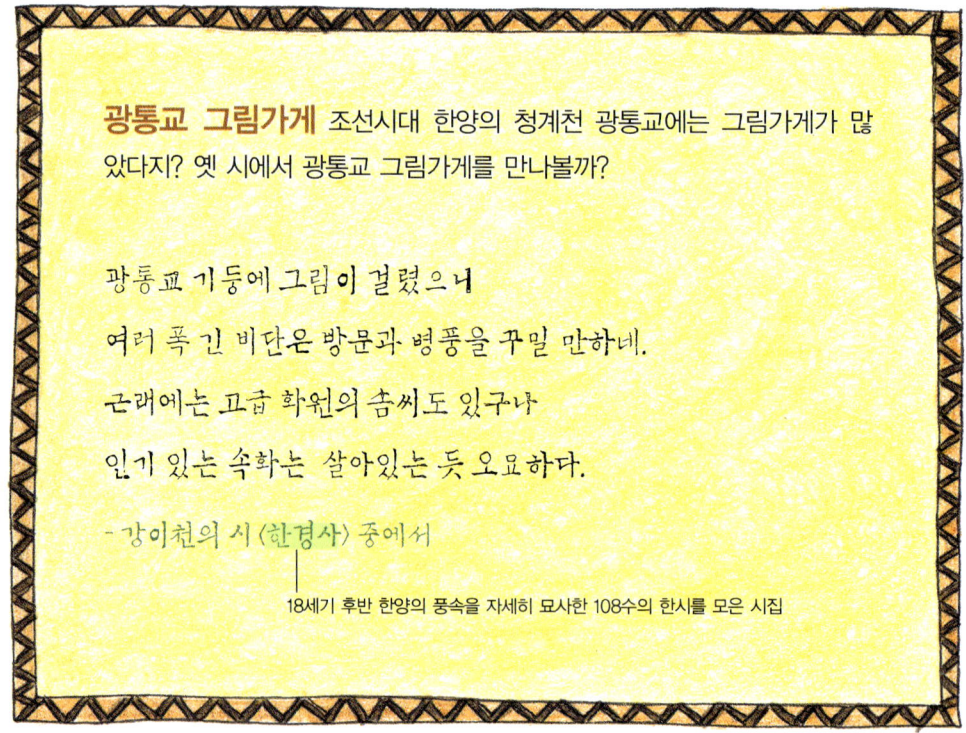

광통교 그림가게 조선시대 한양의 청계천 광통교에는 그림가게가 많았다지? 옛 시에서 광통교 그림가게를 만나볼까?

광통교 기둥에 그림이 걸렸으니
여러 폭 긴 비단은 방문과 병풍을 꾸밀 만하네.
근래에는 고급 화원의 솜씨도 있구나
인기 있는 속화는 살아있는 듯 오묘하다.

- 강이천의 시 〈한경사〉 중에서

18세기 후반 한양의 풍속을 자세히 묘사한 108수의 한시를 모은 시집

생활 그림 대부분의 그림은 오래 두고 감상하기 위한 예술작품이지만 민화는 예술품이라기보다는 쓰임새가 있는 생활용품에 더 가까웠어. 안방이나 사랑방, 아이들 방 등 집안 곳곳을 장식하거나 새해에 대문에 붙일 그림으로, 혼례나 환갑잔치 때 쓸 병풍용으로 많이 그려졌거든.

생활 속에서 쓰이다 보니 민화는 일 년에 한 번씩 바꾸거나 오래되어 낡으면 없애 버렸기 때문에 지금 남아있는 민화는 100~200년 전 작품이 대부분이란다.

읽는 그림 서민들이 즐긴 그림이다보니 민화 속에는 시집간 딸이 아들 딸 낳아 건강하게 살기를 바라는 부모의 마음, 부모가 오래오래 살기를 기원하는 자식의 효성스런 마음, 부자가 되어 오래오래 살기를 소원하는 서민들의 마음이 자연스럽게 담겨졌어. 커다란 모란꽃으로, 한가로이 노니는 물고기로, 수복(壽福)이라는 글자로, 호랑이와 까치로, 십장생으로 행복을 빌었단다. 이처럼 민화는 아름다운 작품이면서 동시에 재앙을 물리치고, 소원을 들어주는 뜻이 담긴 그림이었어.

민화를 볼 땐 그림만 보지 말고 그 안에 숨겨져 있는 조상들의 소망과 정성을 잘 읽어내도록 해보렴. 민화를 '보는 그림'이 아니라 '읽는 그림'이라고 하는 이유를 알겠지?

재미난 그림 당시 선비들은 민화를 수준 낮은 그림으로 얕잡아 보아 속화, 별화라는 말로 불렀단다. 궁중의 그림이나 선비들이 그린 그림을 따라 그리는 민화가 많았기 때문이야. 그래서 새로운 작품보다는 비슷한 내용의 그림이 많아.

하지만 무명의 화가들은 그림을 그리면서 엄격한 규칙이나 틀에 얽매이지 않았어. 격식도 차리지 않았지. 세세한 부분을 싹둑 잘라 생략하기도 하고, 꽉 차서 답답한 부분은 숨통을 트여주고, 무거운 것은 가볍게, 딱딱한 것은 부드럽게 그렸거든. 화려하게 색도 칠했지. 그랬더니 민화만의 독특하고 기발한 표현이 생겨났어. 또 그리는 사람의 자유로운 상상력이 마음껏 표현되어 즐겁고 유쾌한 그림이 되었단다.

민화에는 다른 그림에서는 찾아볼 수 없는 재미난 점이 또 있어. 마치 아이들이 그린 그림처럼 앞에서 본 모습, 위에서 본 모습이 한꺼번에 표현되어 있다는 거야. 책거리 그림이나 호랑이 그림을 보면 금방 알 수 있어. 왼쪽과 오른쪽, 앞과 위에서 본 모양이 이리저리 합쳐져 있어서 이리 보아도 저리 보아도 그림이 보는 이를 향하고 있는 것 같단다.

 이제 민화를 감상하러 떠나볼까? 그 전에 민화를 감상하는 방법을 알려줄게. 우리의 옛 그림은 오른쪽 위에서부터 왼쪽 아래로 쓰다듬듯이 천천히 보아야 해. 당시에 글을 쓰고 읽던 방향과 똑 같다는 말이지. 그리고 또 다른 중요한 감상법은 마음으로 읽고 온 몸으로 느껴보는 거야.

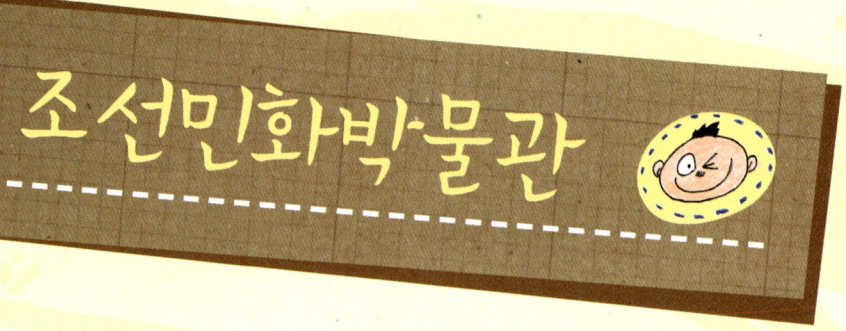

관람시간 ▶ 오전 10시~오후 6시 (11월~2월은 5시)
휴관일 ▶ 연중 무휴
관람료 ▶ 성인 4000원, 학생 3000원,
　　　　　유치원생 2000원
위치 ▶ 강원도 영월군 김삿갓면 와석리 841-1
전화 ▶ 033-375-6100
홈페이지 ▶ www.minhwa.co.kr

박물관 소개

조선민화박물관엔 민화가 가득하단다. 무려 4000점의 민화를 소장하고 있거든. 그동안 한국미술에서 제대로 대접 받지 못했던 민화를 모아 연구하고 전시하고 보존하고 있는 이곳은 2000년 7월에 문을 열었어. 전시장에 들어서면 한옥의 대청마루처럼 서까래와 대들보가 그대로 드러나 있어 옛집에 온 것처럼 정겹단다.

박물관에서 바라보는 풍경이 정말 한 폭의 그림처럼 아름다워. 이곳은 영월의 김삿갓 묘역이 있는 곳에 자리 잡고 있어 김삿갓문학관에도 들러볼 수 있단다. 시와 그림을 함께 감상할 수 있는 좋은 기회야. 조선민화박물관은 민화를 알리고 우리의 전통을 이어가기 위해 매년 가을, 전국학생민화그리기대회와 민화 축제를 개최하고 있기도 해.

박물관에는 내가 직접 민화를 그리거나 찍어볼 수 있는 체험장도 있으니 하늘로 용이 되어 오르는 힘찬 잉어를 한 마리 그려볼 수도 있단다. 아님 행복한 소식을 전해주는 까치 호랑이를 찍어 갈까?

또 다른 민화박물관

가회민화박물관
위치 ▶ 서울특별시 종로구 가회동 11-103
전화 ▶ 02-741-0466
홈페이지 ▶ www.gahoemuseum.org

민화야 어디어디 숨었니?

문신진영도

십장생도

화접능소도

기린도

사당

할머니 방

별채

어머니 방

대문은 우리가 지킨다

우리 조상들은 아주 오래전부터 새해가 되면 대문에 그림을 붙이면서 한 해를 시작했지. 대궐의 겹 대문에도, 양반집의 문에도, 서민들의 집 대문에도 그림은 붙여졌단다. 나쁜 기운이 집안으로 들어오는 것을 막고 복을 부르려고 했던 거야.

▲ 비바람과 구름을 거느린 용 **여의운룡도**

잡귀가 벌벌 떠는 용과 호랑이 대문에 붙여진 그림을 상상해 봐. 아주 힘이 세야 잡귀를 물리 칠 수 있겠지? 힘센 문지기로 꼭 맞는 동물은 누구일까? 한쪽 대문에는 잡귀를 물리치는 호랑이를, 다른 쪽에는 비와 바람을 거느리고 오복을 가져다준다는 용 그림을 붙였어. 든든했겠지? 그림을 못 구하면 아예 용(龍)자와 호(虎)자를 써서 붙이기도 했단다.

▲ 소나무 아래의 호랑이 **송하맹호도**

위 그림의 호랑이 얼굴을 잘 봐. 얼굴은 앞에서 본 모습인데 이빨은 옆에서, 몸은 비스듬하게 본 모습이야. 화가가 이쪽저쪽 돌아다니면서 모양을 잡았나봐. 어떤 호랑이는 심지어 앞 얼굴과 옆 얼굴이 같이 붙여져 있기도 해.

오른쪽 호랑이는 보는 이가 왼쪽으로 가도 쳐다보고, 오른쪽으로 돌아가도 쳐다보는 것 같지? 큰 눈으로 노려보면서 계속 따라오는 것처럼 느껴져.

▲ 어느 쪽으로든 시선이 따라오는 **송하맹호도**

▲ 나쁜 것을 물리치는 해치 **벽사해치도**

▲ 귀신 잡는 개 **벽사신구도**

◀ 귀신을 쫓는 금닭 **벽사금계도**

▼ 머리 셋 달린 매 **신응도**

귀신을 잡아라 용과 호랑이 외에도 귀신을 쫓는 동물이 있었단다. 어떤 것들이 있는지 볼까? 하늘을 날며 멀리 보는 매에게 머리가 세 개나 달렸다면? 어떤 귀신도 매 근처에 얼씬하지 못하겠지. 머리가 셋 달린 매를 그려서 대문에 붙여 놓으면 귀신이나 나쁜 재앙을 막아 준다고 생각했어.

닭도 귀신을 내쫓는 동물이란다. 닭이 울면 지상에 내려갔던 모든 귀신들은 저승으로 돌아가야 했거든. 날이 밝으면 활동할 수가 없으니까 말이야. 귀신을 쫓는 그림으로 닭이 안성맞춤이었겠지?

귀신을 쫓는 그림을 대문에만 붙이는 것은 아니었어. 늘 아궁이를 이용해 불을 때는 부엌에서는 불귀신을 막아야 했단다. 누굴 그려 놓아야 불귀신을 막을 수 있을까? 그래, 맞아. 화재를 물리치는 해치를 그려서 부엌문에 붙였지.

곡식을 보관하는 곳간도 중요한 곳이잖아. 곳간을 안전하게 지켜야 했던 조상들은 개를 그려 곳간 문에 붙여두었어. 개의 눈에는 귀신이 보여서 짖는 소리로 쫓아낸다고 생각을 했거든.

우리 주변에서 흔히 보는 동물들에게 귀신을 물리치고 잡귀를 쫓는 능력이 있다고 생각했다니 참으로 흥미롭지?

아고~ 무서워라. 꼼짝도 못하겠다.

새해 인사를 나누는 그림, 세화 새해가 되어 대문에 그림을 붙이는 풍습은 새해에 복을 기원하는 그림을 주고받는 것으로 발전했는데 이 그림을 세화(歲畵 해 세, 그림 화)라고 한단다.

궁궐에서는 새해에 화원들이 그린 세화를 임금님이 신하들에게 나누어 주었어. 양반들이나 일반 서민들도 이것을 따라서 서로 그림을 주고받았단다. 해가 바뀔 즈음 화가들은 세화 그리기에 아주 바빴겠지? 지금도 이런 풍습이 남아있긴 해.

새해에 연하장을 서로 주고받으며 한 해의 복을 빌잖아. 요즘은 예쁜 편지지 메일과 휴대폰 문자로 새해 인사를 대신하는 경우가 많지만 말이야.

〈까치호랑이〉 그림에는 항상 까치와 소나무와 호랑이가 함께 등장하지. 왜 그런지 아니? 까치는 기쁜 소식을 알려 주는 새이기도 하거니와 마을을 지키는 서낭신의 심부름꾼이었대. 서낭신의 명령을 호랑이에게 전해야 했거든. 소나무는 새해가 시작되는 1월을 뜻해. 자, 그림을 읽어 봐. '새해에 전하는 기쁜 소식', 정말 세화로 딱 들어맞지?

▲ 새해에 기쁜 소식을 전하는 **까치호랑이**

산중호걸이라 하는 호랑님의 생일날이 되어
각색 짐승 공원에 모여 무도회가 열렸네.

에헴! 이 노래 들어봤지? 산중호걸이 누구라고? 산중호걸이 무슨 말인지 모르겠다고? 산속에 사는 호걸! 바로 이 호랑님이시지.
　예전에는 백두산뿐만 아니라 한양에 있는 인왕산에도 내가 살았어. 호랑이가 없는 산은 산취급도 하지 않았지. 내 기억엔 아마 1920년대 정도까지 활약했던 것 같은데 지금은 나를 만나려면 동물원까지 와야 해. 물론 갑갑해서 어슬렁거리거나 졸고 있는 나를 보면 실망할테지만. 흑흑.

　너희들의 조상과 나는 아주 친했지. 옛사람들은 한반도 땅모양이 나를 닮았다고 생각했어. 그래서 지도를 보면 내가 떡하니 버티고 서있는 지도도 있단다. 코가 백두산, 꼬리가 호미곶일 걸? 마을 이름에도 내가 아주 많이 등장해. 얼마나 되는지 알아? 자그만치 284개 마을 이름에 나, '호'가 등장하지.
에~헴!
　이걸로 끝난 게 아니야. 옛날이야기를 시작하려면 "옛날 옛날 호랑이 담배피던 시절에……"를 빼놓고는 이야기가 안 돼. 하하. 난 한반도에 담배가 들어오자마자 피웠으니 한 400년? 그러고 보니 내가 담배피던 시절 옛날이야기는 뭐 그렇게 오래된 이야기도 아니네. 〈해와 달이 된 오누이〉에 나오는 나는 해와 달이 생길 때 이야기이니 세상이 만들어질 때부터 있었는데 말이야.

사람들은 내가 많이 무서웠나 봐. 나를 등장시킨 이야기에는 하나같이 내가 우스꽝스럽게 등장하거든. 그렇게라도 해서 사람들과 친해진다면 기꺼이 감수하겠지만 조금 억울하긴 해.

이야기 속에 나오는 호랑이들 얘기 들어 볼래? 체면을 자꾸 구기니 하소연이라도 한 번 하려고 모두 모였지 뭐야. 하하.

"할머니 팥죽이 맛있다고 소문이 자자해서 죽 한 그릇 얻어먹으려고 했더니 할머니 팥을 거둘 때 오라고 하셨어. 그래서 그때 갔을 뿐인데 팥죽은 어디 가고 그만 눈탱이 밤탱이 되고 말았어. 할머니 미워. 흑흑."

팥죽할머니와 호랑이

"말도 마. 하늘에서 내려오는 동아줄이니 하늘님만 꽉 믿었지. 그런데 그게 썩은 줄인 걸 내 어찌 알았나? 아이고 내 똥꼬야."

해와 달이 된 오누이

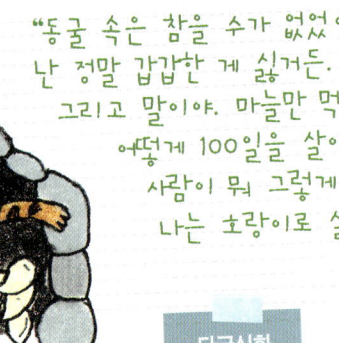

"동굴 속은 참을 수가 없었어. 난 정말 갑갑한 게 싫거든. 그리고 말이야. 마늘만 먹고 어떻게 100일을 살아. 사람이 뭐 그렇게 대단해? 나는 호랑이로 살 거야."

단군신화

"내가 좀 과식한 건 있지. 나무꾼도 꿀꺽, 기름장수도 꿀꺽…… 그렇지만 누가 알아겠어? 내 살코기를 삼겹살처럼 구워 먹을지! 좀 맛있었을 거야. 워낙 내가 맛난 것만 골라 먹으니까. 앗! 뜨거! 뱃속에서 또 뭔 일이 일어났나봐."

호랑이 뱃속 구경

"고놈 토끼란 놈이 여간 영악해야지. 까치는 어떻고. 근데 말이야. 그 작은 놈 잡아먹어봐야 내 체면만 구기니 봐 준거라고. 쉐헤헤."

까치와 호랑이와 토끼

"너희들은 왜 그 모양이냐? 어머니를 잘 모시지 않아서 그래. 의리에 죽고 의리에 살아 봐. 제발 모두 좀 의젓해지자고. 그래야 대접받지! 철들 좀 들어라."

효성스런 호랑이

사랑방에서 피어나는 출세의 꿈

조선시대에는 가족이 함께 사는 집에서도 남자와 여자가 생활하는 공간이 서로 달랐단다. 남자들이 지내는 곳은 사랑방이었어. 손님을 맞기도 하고, 공부도 하고, 친구들과 함께 시를 짓고, 그림을 그리고, 또 아이들을 가르치는 곳이란다. 당연히 사랑방에는 책을 보관하는 책장과 탁자, 연상(硯床 벼루 연, 책상 상:벼루·먹·붓·연적·종이 따위를 넣어두는 조그만 책상)이 놓여졌겠지? 사랑방에는 어떤 그림들이 어울렸을까? 책과 종이, 붓, 먹, 벼루(문방사우)를 그린 '책가도'나 글자그림인 '문자도', 풍경을 그린 '산수도'로 근사하게 장식했단다.

◀ 동정의 가을 달 **동정추월도**

▼ 금강산 일만이천봉 **금강십곡병**

자연을 담은 산수도 선비들은 자연을 무척 사랑했나봐. 금강산, 관동팔경, 고산구곡, 화양구곡, 제주도 등 우리 강산이나 소상팔경과 같이 중국의 경치를 병풍으로 꾸미고 사랑방에 놓아두었단다. 아름답고 웅장한 산과 계곡의 풍경을 보며 머리도 식히고 선비의 포부도 키웠을 거야. 금강산의 일만이천 봉우리를 그려 넣은 병풍 〈금강십곡병〉엔 봉우리나 암자에 이름을 써 넣은 것을 볼 수 있어. 금강산을 가지 않고도 한 눈에 일만이천 봉을 보는 듯 하지?

팔경이야기 소상은 중국에 있는 경치가 뛰어난 곳으로 이름이 나 있어. 송나라 때 송적이라는 사람이 경치가 좋은 여덟 곳을 골라 그린 후에 우리나라와 일본에까지 전해져 그림의 단골 소재가 되었단다. 민화에서도 물론 많이 그려졌어. 소상팔경도가 들어오고 난 이후부터 우리나라도 관동팔경, 단양팔경… 등등 경치 좋은 곳에 팔경을 붙이는 것이 유행이 되었지!

금강산도 식후경이라는데 밥부터 먹고 보자.

나는 군자!

내가 이래뵈도 청렴을 상징하는 꽃게라고.

▲ 잉어와 게 **군자어해도**

물고기들이 삼삼오오 모여 있는 평화로운 물 속 풍경을 그린 그림을 어해도(魚蟹圖 물고기 어, 게 해, 그림 도)라고 해. 게와 새우, 조개 등이 함께 그려지기도 했어.

어해도에 등장하는 대표적인 물고기는 잉어야. 잉어는 군자(인품과 학식이 높은 사람)를 표현하거든. 게는 또 전진과 후퇴가 분명하고 언제나 허물을 벗고 깨끗한 몸으로 살아가기 때문에 청렴함의 상징이었어. 선비들이 닮고 싶어 할 만하지?

▲ 공부도 하고 자연도 즐기는 **산수책가도**

책거리그림, 책가도 책거리는 원래 책이나 문방구 등이 수북이 쌓여 그것을 구경한다는 뜻의 순우리말이야. 그래서 책이나 문방구 등을 그린 그림을 책거리그림이라고 해. 다른 말로 책가도라고도 한단다. 주로 선비의 방이나 아들의 방에 공부하는 분위기를 돋우어 학문으로 큰 뜻을 이루기를 바라던 그림이야.

　책거리그림에는 책꽂이가 있고 그 안에 잘 정리된 책과 골동품, 복을 가져다준다는 꽃, 선비들이 좋아하는 물건 등이 곁들여져 있단다. 어떤 책가도에는 600권이 넘는 책이 그려지기도 했어. 굉장하지? 책을 많이 갖고 싶었던 걸까?

　책가도를 보는 또 다른 재미는 화려한 색감, 자유분방한 구도와 배치, 책과 어울리지 않을 것 같은 소재가 함께 그려져 있다는 거야. 다시 한 번 들여다보렴. 책이 쌓여져 있는 모습이 어때? 앞면도 보이고, 옆면도 보이고 윗면도 보이지? 또 뒤로 갈수록 책이 넓어져 보일 거야.

　정조임금은 학문을 다지는 마음가짐을 굳게 하기 위해 책거리그림을 붙여놓고 항상 들여다보았다고 해. 이로 인해 궁궐과 상류층에서 대유행을 하면서 도화서 화원들이 앞다퉈 책거리그림을 그렸다지. 김홍도가 특히 잘 그렸다고 하는데 아쉽게도 남아있는 게 없단다.

글자와 그림이 한 몸, 문자도 그림일까? 글자일까? 문자도(文字圖 무늬 문, 글자 자, 그림 도)는 글자와 그림이 한 몸을 이루고 있어. 그렇다면 아무 글자나 그대로 그림으로 그렸을까? 당연히 그렇지는 않았겠지? 마음에 새길만한 좋은 뜻의 글자를 그렸단다. 보고 배우라는 뜻으로 말이야.

그림, 어떤 글자를 그렸는지 알아볼까? '효, 제, 충, 신, 예, 의, 염, 치' 여덟 자를 주로 그려 병풍을 만들기도 하고 걸어두기도 했어. '부모에게 효도하고, 형제와 이웃과 사이좋게 지내고, 나라에 충성하고, 서로 믿고, 예절과 의리를 지키며, 청렴하고 부끄럽지 않게 살아라.'는 뜻이야. 아이들은 문자도 병풍을 보고 가르침을 새기며 하루를 시작하고 마감했겠지?

孝 효도 효 悌 공손할 제 忠 충성할 충 信 믿을 신

▲ 글자와 그림으로 뜻을 담은 **문자도**

등용문과 출세를 꿈꾸는 어변성룡도 사랑방에서 공부하고 마음을 닦으며 품었던 또 다른 꿈은 출세였어. 출세한 동물로 치자면 용이 된 잉어를 따를 것이 없지. 어떻게 잉어가 용이 될 수 있을까?

중국 황하강에는 큰 폭포가 있는데, 이른 봄에 강물이 불어나면 잉어들이 물길을 따라 폭포를 거슬러 뛰어오른다는 거야. 그 중 한 마리가 성공하면 천둥과 번개가 쳐서 용이 되고, 실패하면 이무기가 된다는 전설이 있었어. 그래서 폭포 이름

▲ 잉어, 용이 되어 오르다 **어변성룡도**

| 禮 예절 예 | 義 옳을 의 | 廉 청렴할 염 | 恥 부끄러울 치 |

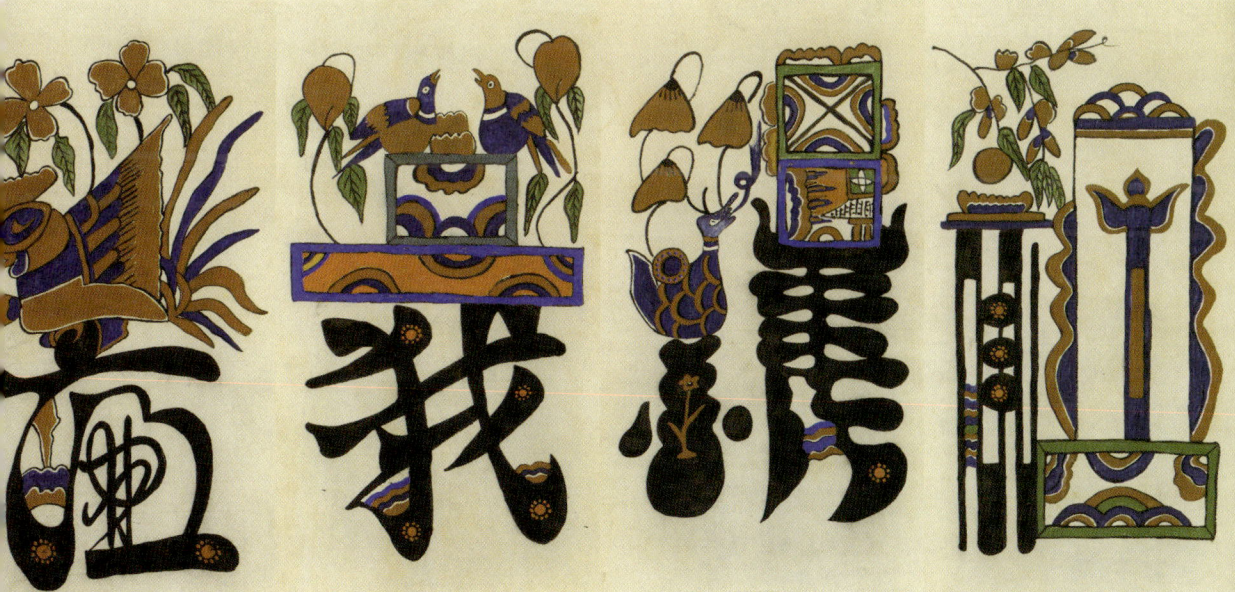

▲ 아버지와 아들이 함께 조정에 나가다
부자동조도

도 등용폭포였단다. 용으로 오르는 문, 등용문(登龍門 오를 등, 용 용, 문 문)이 된 거야.

　조선시대에 이 말은 과거에 급제하는 것을 의미했어. 요즈음은 어려운 관문을 통과해 크게 출세한다는 뜻으로 통해. 시험이나 취업을 앞둔 사람들에게 어변성룡도를 선물하면 좋아할 것 같다. 그렇지?

　아버지와 아들이 함께 조정에 나가 임금 모시기를 바라는 마음을 그림으로 표현할 때는 물결과 떠오르는 해를 그린단다. 왜냐고? 해는 임금을 뜻하고, 물결을 뜻하는 한자인 글자 '조(潮)'가 나라 살림을 맞는 조정(朝廷)의 조와 발음이 같기 때문이야. 호랑이 부자도 조정에 나가길 바라고 있다는 것을 그림만 보고도 알 수 있겠지?

　얘들아! 너희들도 매일매일 보고 배우렴 옛 어른들은 그림으로도 교육을 했어. 본받아야 할 사람들의 이야기나 마음가짐을 그림으로 그려 늘 보고 마음에 새기도록 했단다.

　위, 촉, 오의 세 나라 이야기가 실린 〈삼국지〉를 알고 있을 거야. 책에 나오는 교훈이 될 만한 장면을 담아 병풍으로 만들어 사랑방을 장식했지. 김만중이 어머니를 위해 지은 〈구운몽〉의 이야기를 담은 병풍도 있단다. '구운몽'을 풀이하면 '아홉 조각 구름의 꿈'이라는 뜻이야.

▲ 그림으로 읽는 삼국지 **삼국연의도**

▼ 아홉 조각 구름의 꿈 **구운몽도**

▲ 꽃과 나비가 춤추다 **화접능소도**

🦋 행복을 꿈꾸는 안방

여자들은 주로 어디에 살았을까? 집안에서 남자들의 공간이 사랑방이었다면 여자들의 공간은 안방이었어. 가족들의 생활을 챙기기도 하고 아기를 낳고 기르는 곳이었단다. 그러니 안방은 가족의 화목을 빌고, 자식을 많이 낳아 오래도록 잘 살기를 바라는 여인의 마음이 가득한 곳이었겠지?

쌍쌍파티 안방에 거는 그림에는 쌍쌍이 사이좋게 노는 동물을 많이 볼 수 있어. 물고기, 나비, 새들이 모여 마치 쌍쌍파티를 즐기고 있는 듯하지? 암수 한 쌍이 사이좋게 어우러진 모습은 금슬 좋은 부부를, 새끼와 함께 그려지면 화목한 가정을 상징하는 거였단다.

▶ 물 속에서 쌍쌍이 놀고 있는 **어해도**

안방에는 특히 여자들이 좋아하는 꽃으로 장식했는데 꽃 중의 왕으로 여겨지는 모란병풍이 인기였단다. 모란병풍은 처음엔 궁궐에서 혼례식이나 큰 행사에 사용되었는데 나중에는 백성들 사이에서도 즐겨 사용되었지.

연달아 아들을 낳아라 농사가 주요한 생업이었던 당시는 아들을 많이 낳아 농사에 도움이 되길 바랬단다. 〈백동자도(百童子圖 일백 백, 아이 동, 아들 자, 그림 도)〉는 부모들에게 가장 사랑받던 그림 중의 하나야. 백 명의 아이들, 꼭 백 명이 아니더라도 백 명 가까운 사내아이들이 떼 지어 노는 모습을 그렸으니 아들을 백 명쯤 낳고 싶었던 걸까? 닭싸움도 하고, 활도 쏘고 또 무얼 하며 놀고 있는지 그림을 잘 보고 찾아 봐.

▲ 백 명의 아이가 놀고 있구나 **백동자도**

▲ 포도처럼 주렁주렁 자식을 낳기를 **포도도**

자식을 바라는 마음은 알을 많이 낳는 물고기, 탐스럽게 달린 포도송이, 열매가 꽉 찬 석류 등으로도 그렸단다. 특히 연밥과 함께 연꽃이 그려지면 자식을 연달아 낳으라는 뜻이야. 여기에 거북이 함께 그려져 있으니 귀한 자손을 얻기를 소망하는 거였어.

신령스런 동물로 여겨졌던 기린은 민화에도 많이 등장하는데 암수 기린이 함께 등장해 '기린아'의 탄생을 비는 것 같구나.

▼ 기린아를 꿈꾸며 **기린도**

▼ 연달아 귀한 아들을 낳아라 **연생귀자도**

잔치 잔치 열렸네

혼례식 잔치를 여는 마당에 둘러쳐진 병풍만 보아도 금방 알 수 있지! 혼례식이 열리는 날에는 마당에 멍석을 깔고 혼례를 치를 초례청을 차린단다. 상을 차린 뒤에는 〈모란도〉나 〈백동자도〉 병풍을 둘러쳤어. 부귀영화를 누리고 자식 많이 낳아 잘 살라고.

환갑잔치 회갑날이야. 환갑이라고도 해. 환갑은 태어나 60주년이 되는 해인데 큰 잔치를 벌여 축하를 했단다. 예전엔 환갑까지 살면 정말 오래 산 것이었거든. 자손들은 환갑을 맞은 부모님께 그동안 잘 살아 온 것에 대한 예의를 갖추고 남은 생도 행복하게 오래오래 사시길 빌었단다. 환갑잔치를 할 때에는 〈곽분양행락도〉라는 병풍을 둘러쳤어. 곽분양은 중국 당나라 때 팔자 좋기로 소문난 사람이었단다. 얼마나 편안하게 잘 살았으면 우리나라에까지 소문이

▲ 부귀영화를 부르는 꽃 **모란도**

▼ 오호라 부럽구나 곽분양 인생 **곽분양행락도**

났을까? 곽분양은 평탄하게 벼슬길에 올랐고, 가정에는 한 번도 나쁜 일이 없었다고 해. 늙어서는 많은 손자를 거느리고 살았다고 하니, 모든 사람들이 꿈꾸는 행복의 표본이 되었지. 부러워할만 하지?

이밖에도 장수를 기원하며 백 개의 수(壽 목숨 수)와 복(福 복 복)을 쓴 〈백수백복도〉와 오래 살기로 유명한 십장생을 그린 〈십장생도〉 병풍으로 장식했어.

◀ 오래오래 살기를 **십장생도**

▲ '수'자 백 개 '복'자 백 개 **백수백복도**

조상과 신을 모시다

조상님께 인사 드리자 조선시대에는 조상을 모시는 일이 아주 중요했단다. 잘사는 집은 사당을 지어 제사를 지내고 예를 갖추었어. 그럼 사당을 지을 수 없는 일반 가정에서는 어떻게 했을까? 사당을 그림으로 그린 〈감모여재도〉를 걸고 제사를 올렸지.

〈감모여재도〉를 볼까? 모란과 예쁜 꽃으로 화사하게 장식하고 음식도 차렸단다. 자세히 보면 종이를 떼었다 붙인 하얀 자국이 보여. 제사를 올릴 때 돌아가신 조상의 이름을 적은 종이(위패)를 붙였던 자국이야. 조상의 영혼이 이름을 알아보고 와서 자손들이 차려놓은 음식을 잘 먹고 간다고 믿었지.

이렇게 정성을 다해 조상을 모시면 자손들이 아무 탈 없이 잘 살 수 있도록 조상들이 도와주신다고 생각했어. 크기가 작은 〈감모여재도〉도 있어. 멀리 여행 다닐 때 사용했을라나?

▲ 종이에 그린 사당 **감모여재도**

▲ 휴대용 **감모여재도**

휴대용인가봐. 접었다 펼 수 있게 되어 있네.

▼ 우리나라의 모든 신들 **무신도**

▲ 신이 된 **바리공주**

▲ 호랑이를 타고 있는 **산신도**

비나이다 비나이다 신령님께 비나이다 우리나라도 그리스신화에 나오는 신들 만큼이나 신이 많이 있는 나라란다. 신의 대열에는 옥황상제, 단군, 산신령, 옛이야기에 나오는 바리공주, 삼국지에 나오는 관우, 고려의 최영장군 등이 올라가 있어. 또 바위나 나무 한 그루에도 영혼이 깃들어 있다고 믿어 신앙의 대상이었지.

신들은 어떻게 생겼을까? 민화에 그려진 신들은 모두 사람의 모습을 하고 있어. 산신령님은 무서운 호랑이를 가볍게 올라타고 계시지. 우리나라에 있는 신령님들이 모두 등장하는 그림도 있어. 이 신들은 정말 소원을 들어주었을까?

사진 같은 초상화 옛날엔 사진이 없었잖아. 그래서 초상화를 그려서 돌아가신 후에 영정으로도 사용했어. 우리나라 초상화는 다른 나라와 달리 마치 사진을 보는 것처럼 아주 자세하게 그렸다는 점이 특징이야. 턱수염 한 올 한 올, 주름 하나, 얼굴에 있는 점까지도 그렸거든.

▲ 양반 초상화 **문신진영도**

바리데기 바리공주 이야기

옛날 옛날에 삼나라의 오구대왕은 근심이 하나 있었어. 여섯째까지 낳은 자식이 모두 딸인 거야. 그런데 일곱 번째도 또 딸이 태어났지. 오구대왕은 화가 나서 딸을 버려 버렸단다. 태어나자마자 버려진 공주의 이름은 바리공주. 바리데기라고도 불려. 바리는 버리다에서 온 말이지. 버려진 바리공주는 자식이 없던 바리공덕 할멈과 할아범의 딸이 되어 금이야 옥이야 길러졌지.

그런데 바리공주를 버리고 난 후에 무슨 일이 있었는지 알아? 엄마 길대부인도, 아빠 오구대왕도 시름시름 병이 들어 오늘만, 내일만 하며 몸져 누워버리고 말았어. 좋다는 약도 하나도 듣지 않고, 오직 서역국에 있는 삼신산의 불사약과 약수를 구해 먹어야 낫는다는 거야. 거기는 무장승이라는 무시무시한 괴한이 지키고 있을 뿐만 아니라 너무 멀어 아무도 가 본 적이 없는 곳인데 말이지. 하지만 이를 어째? 어느 누구도 약수를 구하겠다고 나서는 사람이 없는 거야. 여섯 딸들도 못가겠다고 하지. 정말 부부가 죽게 생겼어.

거의 죽을 지경이 된 오구대왕은 갑자기 일곱째 공주가 보고 싶어졌어. 신하들은 수소문 끝에 바리공주를 찾아 궁궐로 데려왔지. 드디어 바리공주는 꿈에 그리던 엄마, 아빠를 만난 거야. 바리공주는 열 달을 어머니 뱃속에 있었으니 그 은혜를 갚겠다고 말하며, 여섯

언니들이 마다한 삼신산으로 약을 구하러 떠나.

　바리공주는 바다도 만나고, 지옥도 만나고, 별의별 어려움을 다 겪으며 삼신산에 도착해서 무장승에게 말했지. 부모의 약을 구하러 왔노라고. 그러자 무장승이 말하는 거야. 길 값으로 나무 삼년하고, 다음에 삼 값으로 불 삼년 때고, 물 값으로 물 삼년을 길어오라고 해. 이렇게 다 해주다 보니 석삼년, 구년이 흘러가 버렸네. 그런데 무장승은 또 부부의 연을 맺어 자식 일곱 명을 낳아 달라는 거야. 그리하지 않으면 약을 안 준다면서 말이지. 아이고오~~.

　바리공주는 어떻게 했게? 물론 아이 일곱을 낳았지. 드디어 때가 되었어. 바리공주는 무장승에게 약을 달라고 했어. 그랬더니 무장승은 눈을 뜨는 개안초도 주고, 숨도 살고 살도 사는 숨살이꽃이랑 뼈살이꽃, 살살이꽃, 또 약수도 내주었어.

　바리공주가 떠나려는데 무장승도, 아이들도 모두 따라 나섰어. 아홉 가족이 궁에 도착했을 땐 오구대왕 부부의 상여가 나가고 있는 거야. 바리공주는 대왕마마와 중전마마의 시신을 내리게 한 후 개안초를 눈에 넣고, 뼈살이꽃은 뼈에, 살살이꽃은 살에, 숨살이꽃은 코에 대었지.

　아, 그러자 두 분이 깨어나는 거야. 살았지!

　그 뒤로 무장승과 일곱 아들, 바리공덕할미 할아비와 바리공주는 사람들의 섬김을 받게 되었어. 바리공주는 죽은 혼령을 극락에 보내 영원히 살도록 이끄는 신령이 되었고 말이야.

| 조선민화박물관 현장활동지 |

무슨 소원이 담겼을까?

민화에는 사람들의 갖가지 소원이 담겨있지요. 무슨 소원일까요?
쪽지를 보고 내용에 어울리는 민화를 찾아 이름을 써 주세요.

거북이 두 마리가 사이좋게
연꽃 아래를 지나고 있습니다.
귀한 자식을 연달아 낳으라고
혼례식 날 선물로 받았지요.
(   )

꽃 중의 꽃, 모란병풍을 펼치면
부귀영화가 저절로 안방에도
피어날 것 같아요. 크고 아름다운
모란 꽃송이처럼 행복하게
살았으면 좋겠답니다.
(   )

백 살까지 건강하게 자식을
많이 거느리고 사는 게
모든 사람들의 소망이랍니다.
(   )

학문으로 큰 뜻을 이루려는 선비들은
책이 가득 꽂혀 있는 그림만 보아도
든든하지요.
거기에 복을 가져다주는 꽃과
새, 골동품이 들어가면 금상첨화.
(   )

조정으로 나아가 임금을
모실 수 있다면, 게다가
아들과 함께 관직에 오른다면
그만한 영광이 없겠지요.
(   )

모란도

책가도

백수백복도

연생귀자도

부자동조도

2 꿈을 담은 민화, 어디에 걸까?

민화는 집안을 장식하거나 병풍에 넣거나, 새해 첫날 대문에 붙이려고 그려진 생활그림이랍니다. 몇 년 동안 붙여 놓았던 그림들을 떼어내고 새로 그림을 장만해 장식하려고 해요. 집 곳곳에 어울리는 민화를 찾아서 연결해 볼까요?

사당

할머니 방

별채

십장생도

문신진영도

벽사신구도

화접능소도

61

3 숨은 그림 찾기!

선비들이 좋아했던 책가도에는 책 이외에도 재미난 물건이 많이 숨어 있답니다. 오른쪽 글상자 속 물건을 아래 민화에서 찾아 보세요.

두루마리, 붓, 필통, 안경, 도자기, 화분, 부채, 용, 거북이, 공작의 깃털

민화 따라잡기 4

어변성룡도

민화는 이름 없는 화가들이 그린 그림으로, 완성된 그림의 본을 떠서 그리기도 했어요. 나도 민화작가가 되어 그림을 따라 그려 볼까요?

내가 그린 어변성룡도

 자수?

    자수(刺繡 바늘 자, 수놓을 수)는 '수'라고도 해. 이 말을 사전에서 찾아보면, '옷감이나 헝겊에 바늘과 실을 이용해서 그림, 글자 등의 무늬를 넣는 것'이라고 되어있지. 자수는 인류가 옷감이나 옷을 만들면서 가장 먼저 장식할 수 있었던 기법이었을 거야.

    자수는 동서양에서 모두 고루 발전해 왔어. 물론 사는 곳의 환경에 따라 저마다 독특한 특징을 가지게 된 것은 당연했지만 말이야. 자수는 장식뿐만 아니라 높은 신분이나 계급을 나타내는 데에도 이용되었어. 이때는 비단 같은 고급 천에 금실과 같은 귀한 실을 사용해 화려한 색과 문양으로 수놓았단다.

우리나라 자수는 주로 여자들에 의해 이루어져왔어. 특히 밖에 나가는 것이 쉽게 허락되지 않았던 조선시대에는 여자들의 중요한 일 가운데 하나가 바느질과 수놓기였지. 어린 여자건 나이든 여자건 너나 할 것 없이 옷도 짓고, 생활용품도 만들고, 장신구도 만들며 지냈단다. 실과 바늘만으로 아름답고 섬세한 작품을 탄생시킨 거야. 이렇게 한 땀 한 땀 만들어진 생활용품들과 자수 작품에는 가족을 사랑하는 마음과 정성이 가득 담겨질 수밖에 없었겠지?

가지고 있는 물건 중에 수가 놓인 것이 있나 찾아보렴. 없다고? 그래도 잘 찾아봐. 뒷주머니에 굵은 실로 장식된 청바지를 본 적이 있을 거야.

우리나라 자수는 얼마나 오래 되었을까? 우리나라 청동기 유물 가운데 바늘과 비슷한 유물이 발견되는 걸로 보아 삼국시대 전부터 자수가 발달한 것으로 보고 있어. 신라시대엔 진덕여왕이 손수 비단을 짜고 시를 수놓아 당나라 왕에게 선물로 보낸 기록이 있지. 고려시대에는 백성들의 옷에도 귀족풍의 자수 장식을 했었나봐. 너무 사치스러워 나라에서 법으로 금하기도 했단다. 조선시대에 와서는 궁궐에 수를 전문적으로 놓는 수방이 있어서 전문 자수로 발전하게 돼.

전통자수 작품들은 흰색이나 청홍색의 비단에 색색으로 염색한 비단실로 구름·해·물결·산수·모란·연꽃·소나무·글자 등 갖가지 무늬를 수놓았단다. 오늘날에 이르러 전통자수는 단순한 공예품의 단계를 벗어나 예술 작품의 하나로 평가받고 있어.

자수 작품이 만들어지기까지 자수는 바늘 한 땀 한 땀으로 그림을 그리는 거잖아? 그래서 정성과 참을성, 집중력이 있어야 해. 자수 작품이 만들어지기까지의 과정을 간단하게 알려 줄게.

수놓는 과정

❶ 밑그림을 그려 수놓을 천에 옮긴 다음,

❷ 그 천을 수틀에 고정시켜.

❸ 문양에 따라 실의 굵기를 생각해서 실을 꼬아 준비해.

❹ 이제 한 땀 한 땀 수를 놓는 거야.

❺ 수를 다 놓은 다음 먼지를 털어내고 실밥을 정리하지.

❻ 수를 놓은 뒷면에 실밥이 흩어지지 않게 풀칠을 하고 말려.

❼ 증기를 쐬고 그늘에서 또 잘 말려.

❽ 수틀을 떼어내면 작품 완성!

자수 기법 자수 작품을 언뜻 보면 그려진 무늬에 그냥 수실로 채운 것 같지만 자세히 보면 여러 가지 방법으로 수가 놓여진단다. 작품을 보며 전통 자수 작품들에 쓰이는 자수 기법 몇 가지를 알아볼까? "아, 이런 게 있구나." 하면 돼.

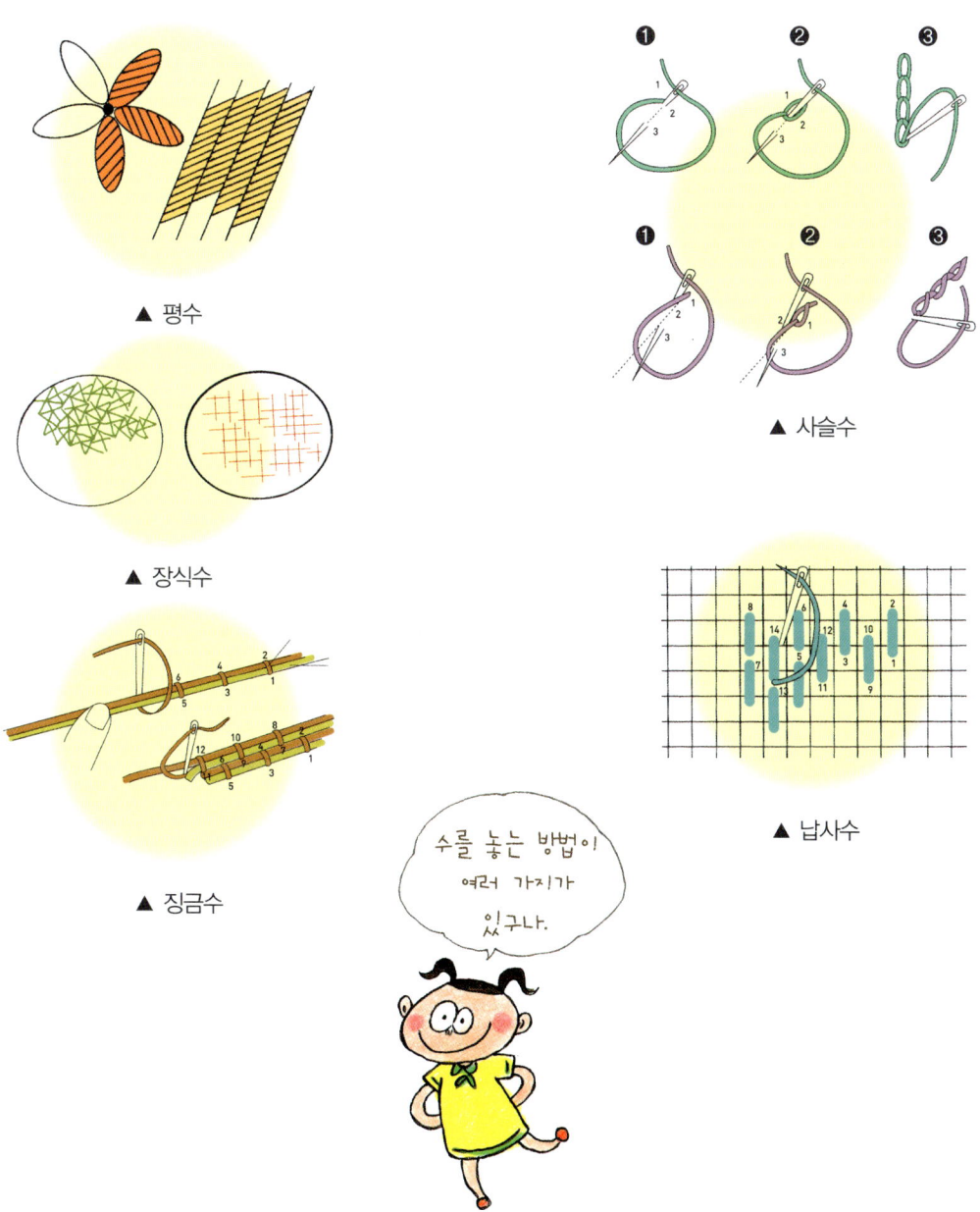

▲ 평수

▲ 장식수

▲ 징금수

▲ 사슬수

▲ 납사수

수를 놓는 방법이 여러 가지가 있구나.

숙명여자대학교박물관
숙명여자대학교 정영양자수박물관

관람시간 ▶ 오전 10시~오후 5시
휴관일 ▶ 일요일, 공휴일
관람료 ▶ 무료
위치 ▶ 서울 용산구 효창원길 52 숙명여자대학교
전화 ▶ 02-710-9133, 4
홈페이지 ▶ http://museum.sookmyung.ac.kr

박물관 소개

숙명여자대학교에는 두 개의 박물관이 있는데 1971년에 문을 연 숙명여자대학교박물관과 2004년 개관한 정영양자수박물관이지. 이 두 박물관은 위, 아래층에 나란히 자리 잡고 있어.

숙명여자대학교박물관은 문화, 예술, 인류학, 고고학, 민족학 연구와 함께 특히 우리나라 옛 여성들의 생활과 미의식을 연구하는데 특별히 힘을 쏟고 있단다. 여성들의 손끝에서 이루어진 옷, 보자기, 장신구와 생활용품, 살림살이들을 볼 수 있는 곳이야.

숙명여자대학교정영양자수박물관은 우리나라와 중국, 일본의 자수 작품과 장식예술이 담긴 복식(옷)과 직물을 수집하여 연구하고 있지. 여성의 일로만 여겨져 왔던 자수를 예술작품으로 인정받게 하는데 많은 노력을 했단다.

두 곳의 박물관 중에서 먼저 숙명여자대학교박물관을 들를 거야. 여인들의 손끝에서 만들어진 옷들과 생활용품, 그리고 장신구, 가구를 살펴보려고 해.
그런 다음, 정영양자수박물관에선 자수를 자세히 살펴볼 거야. 이곳에서는 우리나라와 중국, 일본의 자수를 비교하면서 보는 색다른 재미를 느낄 수 있단다.

 또 다른 자수박물관

한국자수박물관
위치 ▶ 서울 강남구 논현동 89-4 4층
전화 ▶ 02-515-5114~6
홈페이지 ▶ www.bojagii.com

한상수자수박물관
위치 ▶ 서울특별시 종로구 가회동 11-32
전화 ▶ 02-744-1545
홈페이지 ▶ www.hansangsoo.com

🌼 규중칠우를 찾아라!

규중칠우, 규중은 안방을 말하고 칠우는 일곱 친구를 뜻해. 안방의 일곱 친구가 누구일까? 한번 찾아 봐. 바늘각시, 실각시, 자부인, 가위각시, 인두부인, 다리미낭자, 골무할매.

바느질 하는데 꼭 필요한 친구들의 자기소개를 들어볼까?

나의 용도는? 손가락에 끼워서 바늘에 찔리지 않게 해 준단다. 가죽이나 헝겊, 금속으로 만들어져 반달모양의 생김새가 예쁘고 귀엽지.

나야 뭐 특별히 말 안해도 알겠지? 워낙 유명하니까. 흠

▲ 골무

▲ 가위

▲ 자

옷감을 펴고 치수를 재려면 내가 꼭 필요하지. 자는 어려운 한자말로 척(尺)이라고 하는데 손을 펼쳐서 물건을 재는 모양을 본떠서 만든 글자야.

▶ 규중칠우를 담는 **반짇고리**

규중칠우의 집, 반짇고리 바늘이 어디라도 도망가면 큰 일! 바늘꽂이에 바늘을 꽂긴 했는데 그러면 실은 어디에 둘까? 골무는? 가위는? 바느질 도구들이 도망가지 않도록 상자를 만들었는데 그게 바로 반짇고리야. 바느질고리라고도 해. 종이로 만들기도 하고 나무, 대나무 등 여러 가지 재료를 사용해 만들었단다. 상류층에서 사용하던 것은 자개로 장식한 것도 있었어.

규중칠우쟁론기

안방의 일곱 친구가 벌이는 이야기 한판

옛날 옛날 한 옛날에 한씨 댁 안방마님에게는 일곱 명의 친구들이 있었어. 어느 날 안방마님도 없는데 갑자기 방안이 시끌시끌한 거야. 도대체 무슨 일이지?

자부인, 긴 허리를 요리조리 재며 척 나서더니, "옷감들의 길고, 짧고, 넓고, 좁은 것을 재니 옷 만드는 공로를 따지자면 내가 제일이야."

그 말을 들은 **가위각시**가 양쪽 다리를 흔들면서 "자부인님이 아무리 잘 잰다 해도 이 가위각시가 잘라내지 않으면 모양이 제대로 나겠어요?"라고 하네.

바늘각시도 가느다란 허리를 구부리며 한마디 했어. "날쌘 내가 아니면 어떻게 맘대로 누비고, 잘게 뜨고, 굵게 박을 것이야? 자부인이 재고 가위각시가 잘라낸다고 하지만 나 바늘각시 아니면 모두 헛고생 아닌감?"

실각시, 얼굴을 붉으락푸르락하며 말하기를 "바늘각시야. 너는 내가 없으면 한 땀, 아니 반 땀도 꿰매지 못할 걸!" 실각시의 말을 들은 **골무**가 웃으면서 말했지. "이 늙은이는 바늘한테 찔려가며 마님 손끝이 아프지 않도록 도와드리는데 실각시는 바늘각시 꽁무니 졸졸 따라다니면서 무슨 말이 그렇게 많으신가?"

그러자 다림판에 있던 **인두부인**도 한마디 하네. "따지고 보면 내 공도 만만치 않다고. 바느질 솜씨가 없어도 내가 한 번만 지나가면 다 숨겨지거든!"

다리미낭자가 큰 입을 벌리고 너털웃음을 지었어. "인두부인님, 부인님은 바느질에만 쓰일 뿐이잖아요? 하지만 마구 구겨진 옷도 내 큰 엉덩이가 한 번 스치고 지나가면 다 펴지고 모양이 나지 않소? 그러니 옷 짓는 일에는 내 공이 제일 크단 말이오."

그때, 안방마님이 방으로 쑥 들어오시더니 "너희의 공이 크긴 하다만 내가 움직이지 않으면 어찌 옷이 지어지겠느냐?" 하고는 깊은 잠에 빠져들었지.

자부인이 슬쩍 돌아앉으며 "매정한 건 사람이라더니……. 옷 만들 때 제일 먼저 찾는 건 나더니만, 게으른 종 깨울 때 나를 휘두르며 내 허리 부러지는 것도 모르니 내 어찌 야속타 아니할까?"하며 탄식을 했어.

"맞아요. 옷감을 자를 때는 나 아니면 못하는데도 잘 든다, 안 든다 하며 양쪽 다리를 잡고 흔들 때는 정말 화가 나서 견딜 수 없어." 가위각시가 이어서 말했지. 바늘각시도 한숨을 쉬었어. "그 정도는 아무 것도 아니야. 이 약한 허리로 힘껏 움직이는데도 마음에 들지 않으면 내 허리를 분질러 화롯불 속에 집어넣으니 원통하고 분할 수밖에! 이따금 손톱 밑을 찔러 피를 내고 나면 좀 속이 시원하련만 골무할매 밀어내니 더 분통하고 슬퍼서 못 견디겠다니까."

인두부인이 눈물지으며 말을 꺼냈어. "나는 무슨 죄로 활활 타는 불 속에 얼굴을 지진다냐." "난 인두부인과 소임이 같고 한스럽기도 똑같다네." 다리미낭자가 인두부인을 슬픈 눈으로 보며 말하는 거야.

그때 잠자던 안방마님이 벌떡 일어났지 뭐야. "너희들! 지금 내 험담을 하고 있는 거냐!?" 화가 난 안방마님에게 골무할매가 머리를 숙이며 빌었어.

"저희가 생각이 짧아 그리 하였습니다. 마땅히 곤장을 쳐야겠지만, 평소에 쌓은 정과 저희들의 조그마한 공을 생각하여 용서해 주십시오."

안방마님은 곰곰이 생각했어. 그리곤 말을 이었지.

"할매 말에 따라 잘못을 따지진 않을 게야. 내 손끝이 성한 것도 다 할매의 공이지, 앞으론 비단주머니 속에 골무할매를 넣어 늘 지니고 다니며 그 고마움을 생각할 것이다."

마님의 말이 끝나자마자 골무할매는 머리를 숙여 감사의 절을 하더군.

나머지 친구들은? 부끄러워서 바느질함에 쏘옥 들어갔다나 뭐라나.

숙명여자
대학교
박물관

🦋 태어나 어른이 되었어요

　세상에 태어난 사람은 누구나 행복하게 살기를 소망하지. 옛날 사람들의 행복은 무엇이었을까? 좋은 짝 만나 시집, 장가 잘 가서 아들딸 많이 낳고, 가족이 모두 건강하고 오래 오래 살고, 또 부귀영화를 누리며 화목하게 사는 게 소원이었지. 선비들은 과거에 급제해 출세를 꿈꾸기도 했고 말이야. 이런 모든 소원들을 옷이며 이불이며 태어나서 죽을 때까지 사용했던 물건들에 의미를 담아 정성스럽게 빌었단다.

남자아이 돌복

▲ 호랑이 눈을 단 모자 **호건**

▲ 오방장두루마기라고도 하는 **까치두루마기**

▲ 색동저고리에 남색조끼와
　구멍이 뚫린 **풍차바지**

왜 구멍이 뚫려 있을까?

돌복 태어난지 1년이 되었어. 잘 자라서 처음 맞은 생일을 '돌' 이라 해서 돌잔치를 크게 했단다. 돌상도 차리고 곱게 때때옷도 해서 입혔어. 오래오래 살라는 마음을 담아 엄마는 수를 놓은 돌띠를 돌려 매 주시고 복이 들어오라고 돌주머니도 달아 주셨지.

남자아이는 풍차바지에 옥색이나 분홍저고리를 입고 남색조끼, 색동소매를 단 마고자, 까치두루마기(오방장두루마기)를 입었어. 머리엔 호랑이처럼 용감하고 영리하라는 뜻에서 호랑이 눈을 단 호건을 썼지.

여자아이는 분홍 풍차바지를 속에 입고 다홍색 치마와 색동저고리를 입었어. 그 위에 까치두루마기를 입기도 했단다. 머리에는 부귀와 영화를 누리라는 모란과 연꽃을 수놓은 굴레를 썼지.

▲ 굴레

여자아이 돌복

돌 잔칫날에 입는 다홍치마는 나쁜 기운을 막아내는 거라고~

나도 빨간 손수건 있는데.

▲ 색동저고리와 다홍치마

아이 옷 아이들이 입는 옷은 색동으로 된 옷이 많아. 색동에는 빨강, 노랑, 파랑, 검정, 흰색의 오방색이 주로 쓰였는데 건강하게 잘 자라라는 엄마의 마음을 담은 것이란다. 사람들은 오방색이 나쁜 기운을 물리치고 좋은 것을 가져다준다고 믿었기 때문이야.

아래에 보이는 사규삼은 대한제국 마지막 황태자인 영왕 이은의 옷이야.

▲ 겨울에 입는 **누비저고리**

▲ **색동마고자**

▲ **남색조끼**

◀ 버선코에 실타래가 달린 아이용 **타래버선**

▶ 영왕이 입었던 **사규삼**

오방색 오방색이란 노랑, 빨강, 파랑, 하양, 검정 이렇게 다섯 가지 색인데 우리나라 전통 색깔이라 할 수 있지. 수를 놓을 때도, 그림을 그릴 때도, 생활용품을 만들 때도 오방색을 즐겨 사용했단다.

옛날 사람들은 세상 모든 것에는 음과 양의 기운이 있다고 생각했어. 이 '음과 양'은 다섯 가지 움직임(오행)을 만들어내는데 거기엔 다섯 가지 색과 방향이 따른다고 믿었지. 노란색은 중앙, 파란색은 동쪽, 흰색은 서쪽, 빨간색은 남쪽, 검은색은 북쪽을 뜻한다고 여겼어. 오방색은 단순한 색깔이 아니었던 거야. 나쁜 기운을 물리쳐주고 무병장수와 복을 가져다준다고 믿었거든. 그래서 생활 곳곳에 오방색을 사용했던 것이란다.

아이들이 입는 저고리에는 색동소매를 달아주고, 오방장두루마기를 만들어 입혔지. 된장이나 간장을 담글 땐 항아리에 나쁜 잡균이 들어오지 못하도록 붉은 고추를 단 금줄을 치고, 혼례 때 신부의 볼에 연지곤지를 바르고, 잔치 날엔 오색고명을 올린 잔치국수를 먹고 말이야.

또 다른 곳에서 오방색을 찾아 봐. 궁궐 지붕 처마에 칠해진 단청, 조각보, 주머니…….

이 사규삼(왕자들의 평상복이자 남자 아이들이 성인식 때 입던 예복)은 영왕이 일본으로 끌려갈 때 어머니 순헌황귀비 엄씨가 멀리 끌려가는 아들을 위해 손수 지은 옷이라고 해. 참으로 슬픈 어머니의 마음이 담겨있지?

혼례복 이제 결혼할 나이가 되었지. 혼례식 날, 서민층의 신부는 평생 딱 한번, 원삼이나 활옷을 예복으로 입었어. 본래 원삼은 왕가나 양반집의 여자들이 입는 예복으로 신분에 따라 색과 문양이 달랐단다. 활옷은 공주나 옹주가 행사 때 입었던 정장인데 민간에서 혼례복으로 입을 수 있게 했으니 그날만큼은 옛날이나 지금이나 공주처럼 귀한 대접을 받는 거야.

머리에는 비녀를 꽂은 후에 댕기를 길게 늘어뜨리고 화관이나 족두리를

▶ **족두리**

▼ 여자 혼례복 **원삼**

◀ 뒷머리를 장식하는 **도투락댕기**

▲ 두 마리 봉황이 놀고 있는 **흉배**

썼어. 화관과 족두리는 조선시대 여자들이 머리에 썼던 장신구란다. 큰 경사나 격식 있는 자리, 혼례 때 양반가의 여인들이 쓰는 모자라고 할 수 있지.

남자도 마찬가지로 평생에 한 번 관복인 단령을 입을 수 있었어. 관복은 벼슬에 오른 사람들이 입었던 정장이란다. 머리엔 사모를 쓰고, 허리에는 관대를 맸어. 사모관대하고 장가간다는 말이 있는데 그 모습을 떠올려봐.

◀ 관리들의 모자 **사모**

▼ 남자 혼례복 **단령**

▲ 관복에 매는 허리띠 **관대**

여자들의 장신구 비녀는 결혼한 여자들이 머리를 둥글게 말아 쪽을 지어 머리가 흘러내리지 않도록 꽂았던 거야. 그런데 단순히 꽂기만 한 것이 아니라 멋지게 보이려 화려하게 장식을 했단다.

하지만 비녀에도 차별이 심해서 금은이나 옥으로 만든 것은 양반집 부인들이 할 수 있었고, 서민층 여자들은 나무나 뿔로 된 것을 사용해야 했어.

▲ 좋은 뜻을 듬뿍 담은 화려한 **비녀**

노리개는 옷에 매다는 화려한 장신구야. 여러 가지 보석으로 장식하기도 하고 수를 놓기도 했지. 여자들이라면 궁중이나 양반, 평민들까지 모두 사랑했단다.

그렇지만 노리개는 옷을 장식했던 단순한 장식품이 아니야. 화려한 문양 속에 오래오래 건강하게, 아들딸 많이 낳고 부귀영화를 누리려는 여인들의 소망을 가득 담았거든.

즐거움과 행복의 **나비**

고결과 고귀함의 **매미**

부귀영화의 **산호**

▲ 소망과 꿈이 담긴 **노리개**

▶ 손에 드는 **홀**

단령은 깃이 둥글게 생겼네.

▲ 관리들이 일상적으로 입던 관복 **단령**

▲ 최고의 정장 **조복**

▲ 조복 뒤를 장식하는 **후수**

84

출세와 관복 세상에 태어난 남자라면 관직을 얻어 출세를 하는 것이 꿈이었지. 조복은 조선시대 관리가 입는 관복 중에서 행사 때 입는 최고의 정장이란다. 조복 양 옆에는 패옥이라는 장식을 달고, 뒤에는 후수를 달아. 후수는 비단에 구름, 학, 만(卍)자, 연꽃 등을 화려하게 수 놓았는데 신분이나 직급에 따라 자수의 무늬나 장식이 달랐어. 머리에는 금관을 쓰고, 손에는 홀을 들어야 금관조복 입기 완성! 남자들의 패션도 참 화려하지?

단령(團領 둥글 단, 거느릴 령)은 깃이 둥글다고 해서 이름 붙여진 관복이야. 관리들의 일상적인 옷차림은 흉배가 달린 단령을 입고, 머리에는 사모를 쓰고, 허리에는 띠를 두르고, 목화라는 신을 신는 것으로 완성되었단다.

철릭은 조선시대 문무 관리들이 입었던 겉옷이야. 임금님을 궁 밖에서 호위할 때나 외국 사신으로 나갈 때 입었지. 윗옷과 아래를 따로 만들어 붙였는데 마치 저고리와 치마가 붙은 것 같아. 허리 아래로 주름이 많이 잡혀 있어 특히 말을 타기에 알맞은 옷이었단다. 또 다른 특징은, 소매를 떼었다 붙였다 할 수 있게 되어 있어 활동이 편하다는 것이지. 오른쪽에 보이는 철릭은 구름무늬로 짠 비단으로 만들어졌어.

▶ 소매를 떼어낼 수 있는 **철릭**

🦋 생활의 멋

조상들의 생활 주변 곳곳에는 아름다운 장식이 가득했어. 심지어 베개의 양쪽 옆에 붙였던 베갯모에도 따로 수를 놓아 장식했거든. 베개 하나에도 정성과 아름다움이 배어나온단다. 이렇게 정성이 담긴 베개를 베고 누워 어떤 꿈을 꾸었을까?

자수 장식이 붙어있는 옷장을 보렴. 천에 수를 놓고 붙인 거야. 정말 멋지지? 똑같은 모양의 장이 아래, 위로 올려져 있는 것처럼 보여. 무늬도 아래 위가 같단다. 문에는 십장생무늬가 수놓아져 있고, 문 아래에는 금슬 좋은 원앙 부부를 둘러싸고 연꽃무늬가 새겨져 있어. 그리고 양쪽엔 부귀다남, 수복강령 글자도 보인단다. 부부가 금슬 좋게 지내고 아들딸 낳아 오래오래 살라는 글귀야.

▶ 베개의 양쪽 옆을 장식한 **베갯모**

이 옷장은 순조임금의 부인인 순원왕후의 가례 때 중국 청나라로부터 받은 선물이라는구나.

▲ 자수로 꾸민 **이층장**

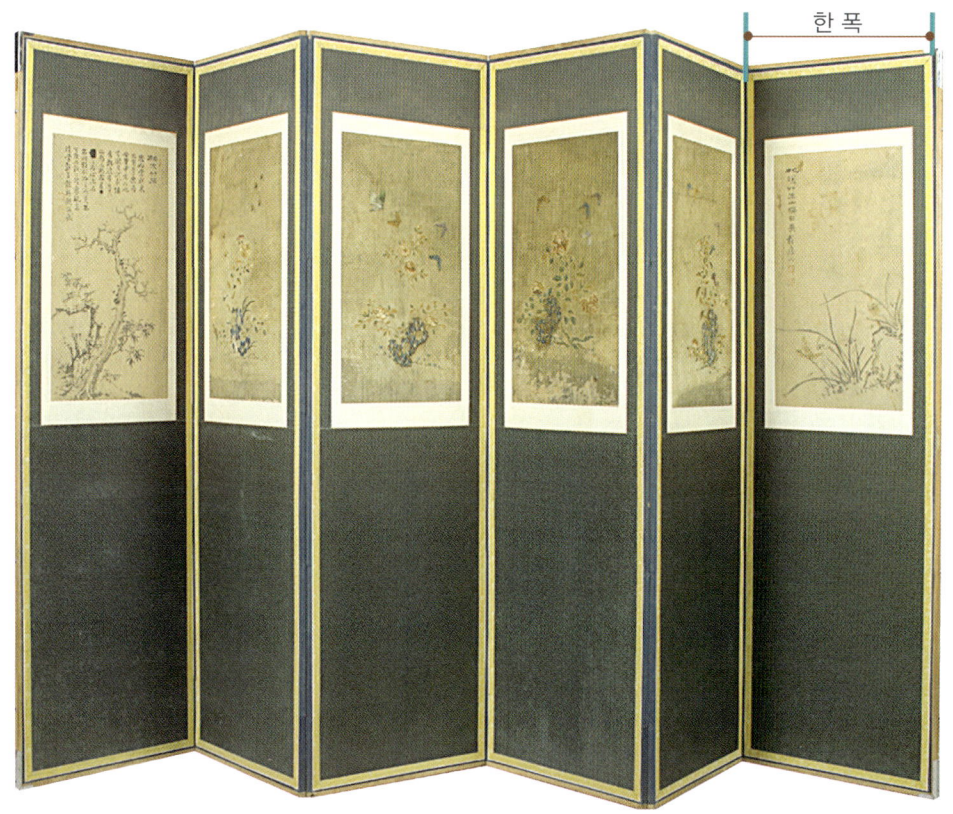

▲ 신사임당이 그리고 수놓은 **병풍**

병풍 바람을 막거나 장식용으로도 쓰이는 가리개가 병풍이야. 긴 네모 모양의 나무틀에 종이를 붙이고 그 위에 그림이나 자수, 글씨 등을 붙이는데 긴 네모 하나를 한 폭이라고 해. 병풍은 두 폭부터 열두 폭까지 짝수로 만들어지는데 연달아 펴고 접을 수 있도록 되어 있으며 쓰임에 따라 크기와 폭 수가 달랐단다.

조상들은 병풍과 함께 일생을 보냈다고 해도 틀린 말이 아닐 정도로 우리 민족은 병풍 애호가들이었어. 돌잔치 때에도, 혼례식 때에도, 회갑잔치에도, 장례 때도 병풍은 필수품이었지. 추운 겨울날에는 바람막이로도 사용했단다. 방 안을 장식하기도 하고 바람도 막는 일석이조의 생활용품이었던 거야.

▲ 조각천을 이어 만든 **조각보**

보자기 물건을 싸서 들고 다닐 수 있도록 네모지게 만든 천이 보자기라는 건 다 알지? 예전엔 물건을 싸거나 보관할 때 오늘날의 포장지나 가방처럼 보자기를 즐겨 사용했어. 또 가리개, 덮개, 받침대로도 사용했단다.

옛날 엄마들은 딸을 낳으면 보자기를 하나하나 만들어 놓았다고 해. 왜? 시집 갈 때 보내려고. 정말? 당시엔 시집갈 때 100장이 넘는 보자기를 가져가기도 했다는구나.

보자기 가운데 특히 조각보는 옛날 엄마들이 옷을 만들고 남은 자투리 천을 이어 붙여 만든 것이란다. 손으로 일일이 천을 짰던 때라 천 한 조각도 버리지 않았어. 그걸 모아 하나하나 이어 붙여 예술 작품이라 할 만큼 아름다운 조각보를 만들어냈지. 그냥 자투리 천 모양대로 대충 이어 붙인 것 같은데도 꼼꼼한 바느질이며 색색의 조화, 조각조각을 이어붙인 모양새가 정말 아름다워. 세계적인 예술가의 작품 못지않지?

> 정영양
> 자수
> 박물관

🦋 오래된 예술을 찾아서

　자수의 흔적을 찾을 수 있는 오래된 유물이 이곳에 있단다. 바로, 중국에서 발견된 청동거울이야. 기원전 약 475~221년 전의 것이라고 하니 대단하지?

　청동거울은 대개 신분이 높은 사람들이 지녔던 것인데 비단실로 수놓은 자수 장식이 더해졌으니 도대체 누가 가졌던 것일까? 이 청동거울은 뒷면에 수가 놓아져 있는데 바탕천은 세월이 오래되어 거의 없어지고 수가 놓인 문양만 청동에 남아 있어. 자세히 살펴보렴. 어떤 무늬가 보이니?

▲ 자수가 놓인 기원전의 **청동거울**

용과 새가 보이지~

임금님 옷은 용 옷

우리나라와 중국에서는 용을 권력의 상징으로 여겼어. 왕실의 권위를 나타내는데 용만한 문양이 없었지. 그래서 조선시대 임금과 중국의 임금은 용무늬가 들어간 용포를 입었단다. 용문양은 발톱의 수에 따라 오조룡, 사조룡, 삼조룡으로 나뉘는데 왕과 왕비는 오조룡을, 왕세자와 세자비는 사조룡을 사용했어.

용포에는 그 당시의 세상 질서를 모두 담고 있어. 파도무늬는 지구의 바다와 모든 물을, 산은 이 세상을 상징해. 그리고 그 위에 용이 위엄 있게 등장하지. 중국과 우리나라 용포의 용무늬를 비교해봐. 어떤 차이가 있니?

조선시대 용포는 둥근 모양에 순금실로 용문양과 구름 조각을 수놓아 가슴과 등, 그리고 양 어깨에 달았어. 이것을 '보'라고 하는데 지름이 18cm정도란다.

▲ 조선시대 왕의 옷에 다는 용무늬 흉배 **보**

▶ 조선시대 왕의 일상복 **용포**

◀ 금실로 용을 짜 넣은 중국의 **용포**

▶ 중국 황태자의 **용포**

　중국의 용포는 옷감을 짤 때 금실로 용무늬를 짜 넣기도 하고, 옷 위에 자수를 놓기도 했어. 공작 깃털을 감싼 실을 사용해 짠 용포도 있다고 하니 참으로 화려했겠지?

　일본에는 용문양이 들어간 '하오리'라는 옷이 있는데 에도시대 때 소방관들이 입었어. 그 당시엔 화재가 많아서 소방조직이 잘 발달되었다는구나. 옷감을 두껍게 짜서 거기에 용문양을 넣었어. 용이 비와 바람을 관장한다고 믿었기 때문에 용의 힘을 빌리려 했나봐.

　같은 동아시아 지역이지만 용의 상징이 다르게 쓰이고 있지?

▶ 일본의 소방관이 입었던 **하오리**

신하들의 흉배

흉배는 신하들이 입는 관복의 가슴과 등을 장식하는 것이란다. 우리나라를 비롯해 중국과 베트남 등에서 사용되었어. 흉배는 옷을 멋있게 보이게도 했지만 신분의 차이를 드러내는 계급장 역할을 했단다.

문양으로는 보통 문관은 새, 무관은 네발 달린 동물을 사용했어. 조선시대 문관의 흉배에는 학을, 무관의 흉배에는 호랑이를 새기고 구름·물

▲ 문관의 **쌍학문흉배**   ▲ 무관의 **쌍호문흉배**

결·꽃·장생 등을 화려하게 수 놓았단다. 두 마리 학은 1품에서 3품까지의 높은 관리만 달 수 있었어. 문양만으로도 사람의 지위를 구별할 수 있게 한 거야.

왕이 입는 용포에는 둥근 모양의 '보'가 달렸잖아. 왕의 둥근 흉배는 하늘을 상징하고 신하들의 네모난 흉배는 땅을 상징하는 거란다.

▲ 중국 명나라의 **직금해치흉배**

▲ '日'이 새겨진 베트남의 **흉배**

명나라 때의 감찰관이 착용했던 해치흉배를 봐. 감찰관은 관리들이 일을 잘 하는지 관리하고 감시하는 사람인데 해치가 선과 악을 구별하는 동물이니 감찰관의 흉배로 딱 들어맞지?

베트남의 흉배는 붉은 색 비단 천에 日(날 일)이 새겨져 있는 원, 날개 끝이 검은색인 학, 과일 달린 나무가 새겨져 있는 것이 특징이란다.

신부의 혼례복은 어디나 화려해

혼례식 날, 신부는 가장 아름답게 치장했지. 혼례복에 쓰인 색깔 중에 가장 많이 쓰인 색은 붉은색이야. 왜냐하면 붉은색은 행복, 성장, 인생의 황금기를 상징하거든.

활옷은 원삼과 함께 조선시대 혼례복으로 쓰였어. 푸른 비단으로 안감을 대고 수가 놓여진 붉은색 비단을 겉감으로 하여 음과 양의 조화를 이루게 했단다. 혼례복 앞과 뒤를 잘 봐. 모란, 연꽃, 봉황, 십장생문양이 새겨져 있지? 오복을 누리며 백 년 동안 함께 잘 살라는 글자도 새겨 넣었단다. 혼례식 때 입는 옷이니 만큼 대대손손 행복한 가정을 꾸리려는 소원을 모두 담았겠지?

▲ 봉황이 장식된 조선시대 혼례복 **활옷**

▲ 봉황을 수놓은 중국의 **혼례복**

　중국의 혼례복은 황제가 사용했던 용문양이 들어 있다는 점이 두드러지는 특징이야. 신부는 혼례복으로 치마를 덧입었는데 이로써 여성으로 성숙했다는 것을 뜻했어. 치마에 있는 용과 봉황은 남자와 여자를 뜻하는 것뿐만 아니라 황제와 황후를 상징하는 것이기도 하단다.

일본의 혼례복도 살펴볼까? 우치카케라는 옷은 기모노 위에 입는 겉옷인데 혼례복으로 쓰였단다. 이 옷은 오늘날에도 화려하게 장식해서 결혼식 때 많이 입는다고 해.

붉은색 학무늬 우치카케는 학, 소나무, 거북이가 꽃과 함께 화려하게 수놓아져 있어서 단번에 혼례복임을 알 수 있지.

단풍잎과 악기들이 장식되어 있어서 가을 신부가 입었을까?

▲ 일본의 **혼례복**

아이들에겐 좋은 것만 가득

 예나 지금이나, 그리고 어디서나 아이들이 건강하게 잘 자라주기를 소망한 것은 모든 부모님의 마음이야. 모자만 보아도 그런 마음이 꼭 담겨있단다.

 중국 아이들이 썼던 모자에는 나쁜 기운을 쫓고 아이들을 보호해 줄 수 있도록 사나운 동물과 장수와 행운을 비는 상징물을 수놓았어.

 조선시대 사용했던 아이의 굴레엔 아이들을 보호할 수 있도록 호랑이나 십장생을 수놓고 꽃, 물결무늬 등을 화려하게 수놓아 장식했단다.

▲ 조선시대 아이들을 위한 **굴레, 색동당의, 타래버선**

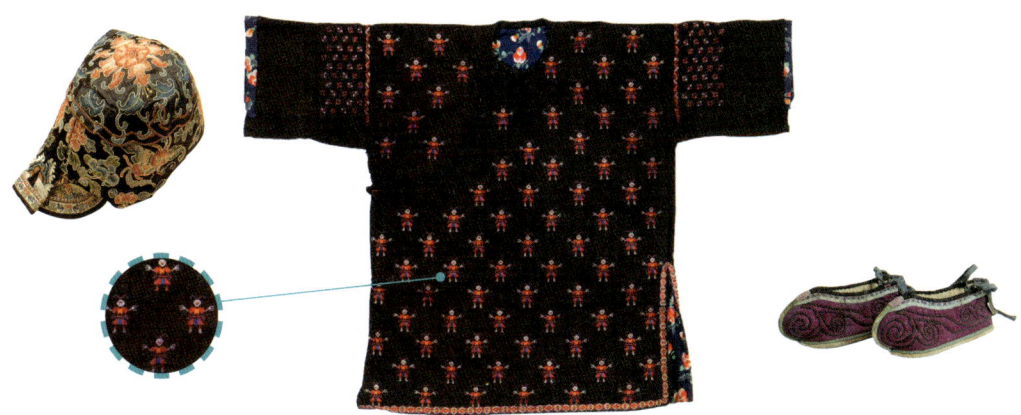

▲ 중국 아이들을 위한 **모자, 아동복, 신발**

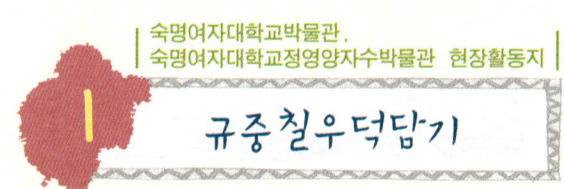

규중칠우덕담기

규중 친구들이 자기 자랑만 내세우다 안방마님께 혼이 났어요. 다시 모인 규중 친구들이 이번에는 모두에게 칭찬을 하느라 아주 왁자지껄하답니다. 어떤 칭찬을 했을까요? 마음 속으로 듣고 빈칸에 적어 보세요.

골무할매: "난 바늘각시의 날렵한 몸놀림이 항상 멋져 보여. 어디든 거침없이 자기 몸을 곧게 세워 쑤욱 들어가는 용기가 있거든"

바늘각시

실각시

자부인

가위부인

다리미낭자

인두부인

98

자수 따라 하기 2

한 땀 한 땀 수를 놓는다고 생각하고 색색의 빗금으로 그림을 채워 보세요. 오방색으로 꾸미면 더 예쁘겠지요.

3 옷으로 본 어느 선비의 일생

타임머신을 타고 조선시대 영조임금 시절로 뿅~ 가 볼까요?
한양 북촌 마을에서 선비 할아버지를 만나 살아오신 이야기를 들었답니다.

내가 살아온 이야기를
듣고 싶다고?
그럼 (   )안을
채우면서
잘 들어보거라.

태어나 첫 생일이 되자 가족들은 돌잔치를 해주셨지. 어머니는 손수 (   )을 만들어 입혀 주셨어.
이 옷은 오방장두루마기라고도 불러.
겨울엔 어머니께서 손으로 직접
누빈 (   )저고리를
입으면 그렇게 따뜻할 수가 없었단다.

열다섯 살이 되어 장가를 갔지. 너희들 세상에서 보면 중학교 2학년 정도의 나이에 장가를 간 거야. 허허.

혼례식 날에 신부는  (   )이라는 혼례복을 입고, 머리에는 (   )를 썼어. 참 예뻤지.

나는 사모를 쓰고, 관대를 매고, (   )을 입었지. 얼마나 멋졌는지 장모님의 눈이 휘둥그레지시더라고. 하하하.

자식도 낳았고, 이제 남은 건 벼슬을 하는 거야. 난, 열심히 공부했고 드디어 과거시험에 합격했단다. 관직에 오르니 나라의 큰 행사와 의례에 참석하는 일이 많아졌어. 이때에는 반드시 행사에 어울리는 예복을 입어야 했지. 예복으로는  (   )을 입었는데 뒤에는 구름, 학, 연꽃, 만(卍)자 등을 화려하게 수놓은 (   )를 달았어. 멋있었겠지? 또 머리에는 금관을 쓰고 손에는 (   )을 들어 격식을 차렸단다.

평상시에 입는 관복으로는 동물, 구름, 물결, 꽃무늬 등이 수놓아진 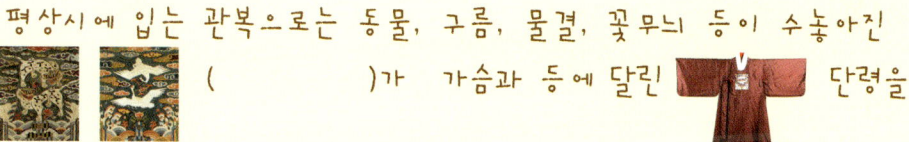 (   )가 가슴과 등에 달린 단령을 입었어. 흉배의 학 문양은 (   )이, 호랑이 문양은 (   )이 사용했는데 지위에 따라 학과 호랑이의 수가 달랐단다.

어때? 이만하면 멋진 인생이지 않아? 이제 나의 일생을 정리할 일만 남았어. 지금은 마을 아이들에게 천자문을 가르치면서 여생을 보내고 있지. 아이들이 얼마나 장난이 심한지 어제도 벽장 안의 꿀단지를 깨뜨렸지 뭐냐!

◀정답≫ 활옷, 족두리, 단령, 흑단령, 흉배, 홀, 무관, 문관

101

경기도자박물관

도기? 자기? 도자기!

성질이 서로 다른 흙과 물, 불이 만나 마치 요술을 부린 것처럼 탄생한 것이 있단다. 바로 도자기야. 도자기는 사람이 만들어낸 최초의 화합물이자 새로운 발명품이라고 할 수 있지. 도자기는 도기(陶器 질그릇 도, 그릇 기)와 자기(磁器 사기그릇 자, 그릇 기)를 합쳐 부르는 말이란다. 아주 간단하게 '흙으로 빚은 뒤에 뜨거운 불에 굽는 그릇'이라고 생각하면 돼.

'도자기'하면 박물관에 귀하게 모셔져 있는 고려청자나 백자를 떠올릴 거야. 그런데 이 도자기가 우리 집 곳곳에도 있어. 정말이냐고? 정말이지! 찾아볼까?

맛있는 된장찌개를 바글바글 끓여 먹는 그릇은? 뚝배기!
매일 먹는 밥과 국을 담는 하얀 그릇은? 사기로 된 밥공기와 국대접!
반찬을 담는 그릇은? 접시!
된장이나 간장을 담는 그릇은? 항아리(옹기)!

뚝배기, 항아리, 접시, 커피잔, 화분이 모두 도자기야. 도자기가 박물관에만 있는 게 아니지? 도자기는 또 이런 생활용품 외에도 반도체기계, 첨단의료기기, 우주선에까지도 사용된단다. 놀랍지? 다만 이런 생활용품이나 기계에 쓰이는 도자기들은 작가의 손끝에서 하나하나 만들어지는 것이 아니라 공장에서 만들어져.

꽃을 꽂은 꽃병,
욕실의 세면기와 타일,
나무를 심은 화분…

거실과 욕실로
고고싱~~

우리말로 질그릇, 혹은 오지그릇이라고 불러. '도토'라고 하는 붉은색 진흙으로 만들어지는데 이 흙은 어디서나 구할 수 있지.

500~1000도 정도의 비교적 낮은 온도에서 구워져. 토기, 옹기도 도기에 속해. 주로 음식을 저장할 수 있는 큰 그릇이나 조리를 하는 그릇이야.

도기

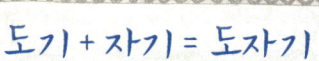

도기 + 자기 = 도자기

자기

자기는 자토(고령토)로 만들어져. 그릇을 빚어 말린 다음 유약을 발라 1200도 이상의 높은 온도에서 구워내.

반짝반짝 내 얼굴~ 표면이 매끄럽고 아주 단단하지. 분청사기, 청자, 백자가 자기 종류란다. 집에서 쓰는 사기그릇(백자)들도 자기에 속해.

경기도자박물관

관람시간 ▶ 오전 9시~오후 6시
휴관일 ▶ 연중 무휴
관람료 ▶ 무료
위치 ▶ 경기도 광주시 실촌읍 삼리 72-1
전화 ▶ 031-799-1500
홈페이지 ▶ www.ggcm.or.kr

박물관 소개

경기도자박물관이 2001년 처음 개관할 때는 '조선관요박물관'이라는 이름으로 출발했단다. '관요'란 조선시대에 나라에서 운영했던 가마를 뜻해. 2008년에 경기도자박물관으로 이름을 바꾸었어.

경기도자박물관에서는 우리나라 도자기가 태어난 때부터 지금까지의 역사, 만드는 방법, 종류, 재료, 생김새, 색깔 등을 꼼꼼하게 볼 수 있단다. 물론 청자와 분청사기, 백자도 모두 살펴볼 수 있지. 마당에 나가면 도자기를 굽는 실제 가마도 볼 수 있어. 조각공원, 한국정원, 토야 흙놀이장, 다례시연장, 자연학습장 등이 있어서 가족이 나들이하기에도 아주 좋아.

분원리 가마터에 따로 분원백자자료관을 만들어 가마터에서 출토된 유물을 전시하고 있단다. 한강변에 있어 운송이 쉬웠던 분원의 모습을 가까이에서 느껴볼 수 있는 곳이지.

1층 도자문화실

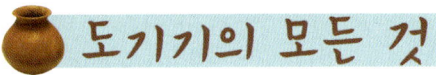 도기기의 모든 것

도자기가 만들어지기까지 지구상에 나타난 인류의 조상들은 대단한 발견을 했단다. 바로 '불'의 발견이야. 불은 인류에게 많은 생활의 변화를 가져다주었어. 특히 인류 최초의 발명품인 도자기를 만들 수 있게 했지. 돌도끼나 반달돌칼처럼 자연에서 얻어 쓴 것이 아닌, 흙을 반죽해 불에 구운 그릇인 '토기'가 탄생한 거야.

신석기시대에 이르면, 사람들은 먹을 것을 찾아 더 이상 산과 강으로 떠돌아다니지 않게 되었어. 씨를 뿌려 농사를 짓고, 동물을 키우며, 한 곳에 머물러 살기 시작했거든. 토기도 바로 이런 생활의 변화에서 자연스럽게

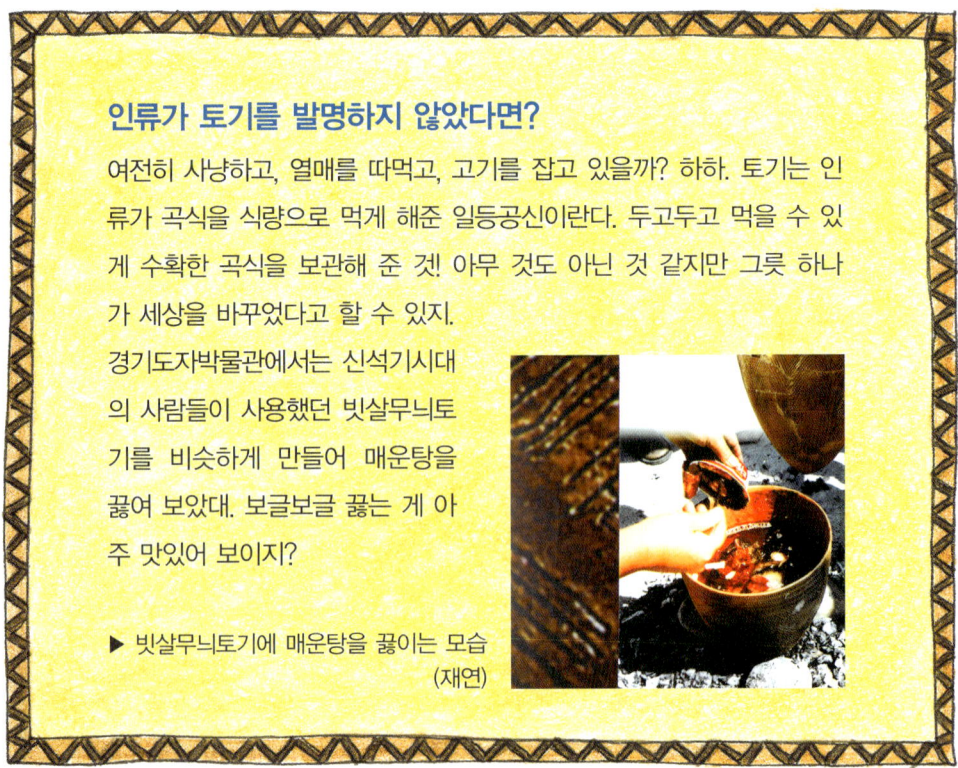

인류가 토기를 발명하지 않았다면?
여전히 사냥하고, 열매를 따먹고, 고기를 잡고 있을까? 하하. 토기는 인류가 곡식을 식량으로 먹게 해준 일등공신이란다. 두고두고 먹을 수 있게 수확한 곡식을 보관해 준 것! 아무 것도 아닌 것 같지만 그릇 하나가 세상을 바꾸었다고 할 수 있지.
경기도자박물관에서는 신석기시대의 사람들이 사용했던 빗살무늬토기를 비슷하게 만들어 매운탕을 끓여 보았대. 보글보글 끓는 게 아주 맛있어 보이지?

▶ 빗살무늬토기에 매운탕을 끓이는 모습 (재연)

만들어졌지.

토기를 만드는 기술이 점점 발달하면서 그릇을 높은 온도에서 구울 수 있는 가마도 나오고, 그릇에 윤기를 더해주는 유약도 개발되어 좀더 단단한 도기가 만들어졌단다.

그럼 자기는 언제 만들어졌을까? 높은 온도에서 구워야 하는 자기는 동양에서 먼저 발달해. 특히 청자를 만드는 기술은 전 세계에서 중국과 우리나라만 가지고 있었어. 더구나 무늬를 넣기 위해 겉면을 조각칼로 판 뒤 다른 색의 흙을 메워 무늬를 넣은 상감청자는 세계에서 고려청자 단 하나뿐이었다니 대단하지?

▼ 세계 도자기의 발달과정을 한 눈에 볼 수 있는 연표

유약 유약은 나무를 태운 재와 흙을 섞어서 만들어. 도자기 표면에 유약을 얇게 발라 구우면 매끈하게 광택이 나고, 더 단단해진단다. 또 물이 스미는 것을 막기도 하지.

▲ 유약의 재료들이란다.

가마 도자기 등을 굽기 위해 불을 땔 수 있도록 만든 장치야. 흙으로 만든 전통 가마는 나무를 땠지만 오늘날에는 전기나 가스를 이용한 가마도 많이 사용되고 있어.

한눈에 보는 도자기 역사

▲ 덧무늬토기   ▲ 빗살무늬토기   ▲ 붉은간토기   ▲ 검은간토기

신석기시대   청동기시대, 철기시대(고조선)

우리나라 도자기의 역사는? 처음 만들어진 토기는 국그릇처럼 생긴 덧무늬토기였어. 농사를 짓기 시작하면서 수확량도 점점 늘어나고, 또 다음 해까지 가족이 나눠 먹을 곡식을 보관할 커다란 그릇이 필요해졌단다. 이때 등장한 것이 바로 우리가 잘 알고 있는 빗살무늬토기야.

청동기시대엔 무늬가 없는 무문토기, 붉은간토기, 검은간토기 등이 만들어졌어. 빗살무늬토기에 비해 바닥이 평편해지고 그릇의 표면이 매끈해졌단다. 또 더 단단해지기도 했지.

그럼 삼국시대에는 어떤 변화가 있었을까? 도자기의 발전을 크게 앞당긴 물레와 가마가 등장했어. 물레를 이용하니 둥글고 멋진 모양의 그릇을 만들기가 쉬워졌고, 가마 안에 그릇을 넣고 구우니 온도를 높여 더 단단하게 구워낼 수가 있게 된 것이지. 삼국시대를 대표하는 그릇을 보면 균형 잡힌 모양새가 멋스럽지?

고려시대에 이르러 드디어 자기가 탄생한단다. 유약을 발라 더 높은 온도에서 그릇을 굽는 기술을 터득한 우리 조상들은 중국에 이어 세계에서 두 번째로 자기를 생산해냈어. 특히 고려청자는 도자기 기술이 발달한 중국에서도 탐낼 정도로 그 작품성이 뛰어났단다.

▲ 신라 토기   ▲ 백제 토기   ▲ 청자   ▲ 분청사기   ▲ 백자

삼국시대 | 고려시대 | 조선시대

조선시대를 빛낸 도자기는 누굴까? '화장한 청자'라는 뜻의 분청사기와 순백의 미를 자랑하는 백자란다. 이 둘에 대한 자세한 이야기는 뒤에서 알아볼 거야.

물론 자기가 만들어졌다고 도기가 사라진 것은 아니야. 우리나라 요리의 기본인 된장, 간장, 젓갈, 김치를 담는 옹기항아리들이 꾸준히 만들어졌어. 백성들은 밥과 반찬을 담는 그릇으로 질그릇과 오지그릇을 사용했단다. 추운 겨울날 안방에 놓인 화로, 굴뚝들도 도기로 만들어 사용했거든.

도자기는 어떤 흙으로 만들까? 찰흙 놀이 많이 해봤을 거야. 찰흙으로 그릇 모양을 만들어 말리면 모양이 그대로 있지? 이런 흙의 성질을 이용해서 만들어지는 것이 바로 도자기란다. 도기와 자기는 원료가 되는 흙이 달라. 도기는 어디서나 쉽게 구할 수 있는 점토를 사용해. 자기는 땅속을 깊이 파야지 나오는 자토(고령토)를 사용하지. 우리나라에서는 경기도 광주와 강진, 양구, 하동 등의 지역에서 좋은 고령토가 나온단다.

▲ 도기의 원료 **도토**

▲ 자기의 원료 **자토(고령토)**

도자기도 사람처럼 몸이 있다! 사람의 몸에 얼굴, 목, 팔, 다리가 있는 것처럼 도자기에도 구분이 있어. 도자기 입구를 '입', 이것을 받치고 있는

부분을 '목', 그 아랫부분을 '어깨', 도자기의 가장 가운데 중심이 되는 부분을 '몸통', 사람의 다리처럼 몸을 지탱하는 곳을 '굽'이라고 해.

도자기 이름은 복잡하다? '백자청화어쩌구' 도자기의 이름은 언뜻 보면 굉장히 길고 어렵게만 느껴져. 끝까지 읽기도 어렵지? 하지만 알고 보면 아주 간단한 것이 도자기 이름이야. 이름만 보면 어떤 그릇인지 금방 알 수 있을 정도로 규칙을 정해 붙였거든.

그럼 이름 붙이기 놀이를 시작해 볼까?

▲ 백자청화운용문항아리
경기도자박물관 소장

당신은 누구십니까?

 나~~는 백자청화운용문항아리!!
백자에 파란 물감으로
구름과 용 무늬를 그린 항~아~리~

그 이~름~ 아름답구나!

도자기 이름 붙이기 이제 혼자서도 붙여 볼 수 있겠지? 아니라고? 그럼 같이 해보자꾸나.

자. 도자기를 보면서 대답해 봐.

❶ 도자기의 종류? 청자
❷ 무늬를 넣은 방법?
상감기법. 그러니까 **청자상감**
❸ 무늬의 종류?
연꽃(蓮; 연)과 연못(池, 지)!
청자상감연지문(무늬)
❹ 모양과 쓰임새?
편평하게 생긴 병! **청자상감연지문편병**
쉽게 **청자상감 연꽃과 연못무늬 넓적병**이라고 해도 좋아.

▲ **청자상감연지문편병**
경기도박물관 소장

내가 지금 뭐하게?

흙을 솜보다 부드럽게~

아무도 내 옆에 오지마. 조심조심~

에헴, 나는 감독관

장작도 아무나 패는 게 아니라는 말씀

궁금? 궁금?? 도자기의 탄생 과정 도자기가 어떻게 만들어지는지 분원으로 구경 갈까? 전시장에서 볼 수 있는 이 분원에서는 지금 한창 백자를 만들고 있어. 도자기를 만드는 전체 과정을 한눈에 볼 수 있단다.

도자기 하나를 만드는데 얼마나 많은 사람들의 정성이 들어가는지 몰라. 흙을 준비해서 도자기를 빚고 굽는 일 외에도 나무를 패고, 덜 마른 도자기를 건조대에 옮기고, 다 만들어진 도자기를 깨는 도공들도 있으니 말이야.

> 나는 불 때는 도공이 되고 싶다.

> 히히. 나는 감독관 할래.

도자기를 만드는 분원공방의 모습

불 때는 것도 어려운 기술이라고

불이 훨훨 잘 들어가고 있군

도자기를 깨야하는 내 마음은 오죽하리!

도자기의 탄생 과정

❶ **수비** 준비된 흙을 걸러 흙 속에 있는 잡티를 없애고 고운 흙만 골라내.

❷ **연토** 흙을 꼭꼭 밟으면 사이사이 있던 공기가 쏙 빠져 모양을 빚기에 딱 좋은 상태가 된단다.

▲ 백자를 만드는 흙

▲ 연토된 흙

▶ 성형된 모습

백자가 이렇게 만들어지는구나.

❸ **성형** 물레에 흙덩이를 올려놓고 모양을 만들고 있어.

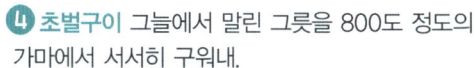
❹ **초벌구이** 그늘에서 말린 그릇을 800도 정도의 가마에서 서서히 구워내.

❻ **시유** 유약을 입히고 있는 중이야. 문양이 안 보인다고? 유약이 묻혀져 하얗게 보이는 거란다. 가마에 넣고 구우면 투명해져.

▼ 문양이 그려진 모습

▲ 초벌구이된 모습

▲ 유약 입힌 모습

▼ 완성된 도자기

❺ **시문** 초벌구이가 끝난 도자기에 물감으로 그림을 그려 넣고 있단다.

❼ **재벌구이** 가마에 그릇을 차곡차곡 넣고 1200도 이상의 온도에서 이틀 밤낮으로 불을 지펴서 도자기를 구워.

무늬는 어떻게 넣을까? 도자기에 무늬를 넣을 때는 조각칼로 새기거나 붓으로 그려. 종이가 아닌 흙에 무늬를 넣는 것이어서 아주 정교한 기술이 필요하단다. 가마에서 도자기를 구우면 도자기의 크기가 많이 줄어들기 때문에 완성된 후의 크기를 생각하면서 무늬를 넣어야 해. 그럼, 도자기에 무늬를 어떻게 넣는지 알아볼까?

● **새김문양 넣기** 새김문양은 그릇이 완전히 마르기 전에 조각칼로 무늬를 새겨 넣는 방법이야. 새기는 방법에 따라 무늬모양이 많이 달라져.

▼ 음각 ▼ 양각
▼ 투각 ▼ 상감

음각 고무판화에 그림을 그려 새길 때처럼 무늬의 선이나 면을 오목하게 파서 새긴단다.

양각 무늬가 도드라지게 하기 위해 그림은 그냥 두고 배경을 파내는 방법이지.

투각 구멍을 뚫어서 모양을 내는 방법이야.

상감 무늬를 음각으로 파내고 그 사이에 도자기와 다른 색의 흙을 채워 넣으면 도자기 바탕색과 무늬색이 다르게 나와.

상감기법은 우리나라 특유의 도자기 장식기법이랬지!

● **그림문양 넣기** 그림문양은 초벌구이 된 도자기에 붓으로 그림을 그려 넣는 방법이야. 어떤 종류의 물감을 사용해서 그렸는지에 따라 구분한단다.

굽기 전　　　구운 후

청화 푸른빛의 천연 코발트물감(안료)으로 무늬를 그리는데 구운 후에도 파란색으로 남아. 이 물감은 중국에서 수입해서 써야했는데 아주 비쌌어.

▲ 청화안료

굽기 전　　　구운 후

철화 철 성분 많은 물감으로 무늬를 그리는 것인데 가마에 구우면 검은 갈색이 돼. 비교적 구하기 쉬워서 널리 쓰였어. 그런데 이 물감은 두껍게 칠하면 흘러내리고 얇게 칠하면 빨리 날아가 버리는 성질이 있어서 그림을 그리기가 무척 까다롭단다.

▲ 철화안료

굽기 전　　　구운 후

동화 (진사) 구리 성분이 들어있는 물감을 구우면 붉은색이 나오는데 꽃잎 끝이나 새 눈, 포도송이, 여의주 등을 표현할 때 많이 썼단다.

▲ 동화안료

왕실도자기를 만드는 분원

조선 왕실에서 백자를 사용하게 되자 궁중음식을 맡았던 관청인 '사옹원'이 백자 생산도 담당하게 되었어.

사옹원은 가마를 만들어 백자를 굽게 하고 감독을 했는데 이곳을 사옹원 '분원'이라고 했단다.

그럼, 사옹원은 어떤 곳에 가마를 지었을까? 도자기를 만들 수 있는 좋은 흙이 있는 곳, 나무가 많아 땔감이 풍부한 곳, 완성된 그릇을 궁궐로 운반하기에 편리하도록 한강과 연결된 강이 있는 조건을 다 갖춘 곳이어야만 했어. 이 조건에 딱 맞춘 듯한 곳이 바로 경기도 광주였단다.

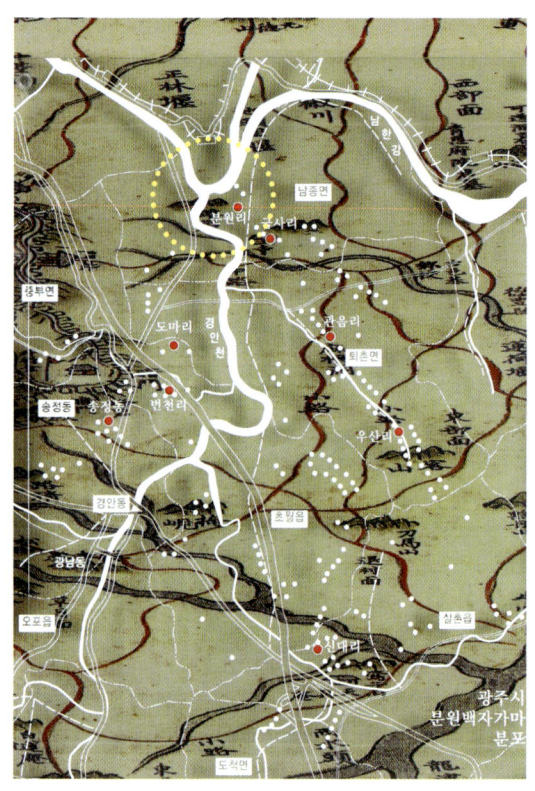

▲ 많기도 하구나 **광주분원가마터**

이곳엔 340여개의 분원가마터가 있는데 이렇게 가마가 많은 것은 땔감 때문이었어. 한 가마터에서 10년 쯤 지나면 근처의 나무를 모조리 베어 쓰게 돼. 그러면 땔감이 있는 옆 동네로 가마를 옮기는 거야. 옮기고 옮기다 보니 가마터가 당연히 많아졌지. 나중엔 옮기기가 번거로워 아예 터를 잡고 땔감을 받아서 썼단다. 그곳 중에 하나가 바로 지금의 분원리였던 거야.

분원이 있던 곳이어서 마을 이름이 '분원리'였구나.

분원에서 일했던 도공의 숫자는 얼마나 될까? 자그마치 380명이었다고 해. 전국에 1140명의 도공들이 있었는데 3년마다 번갈아 분원으로 와서 일을 했단다. 이 도공들을 사기장이라 했는데 각각 맡은 일이 달랐지. 흙을 고르거나 물레를 돌리고, 문양을 새기고, 불을 때는 등 각 분야에서 최고의 전문가들이었어. 그 뿐만 아니야. 분원엔 사기장 이외에도 감독관, 허드렛일을 하는 사람, 심부름꾼들도 있었어. 이 사람들을 모두 합치면 550명이 넘었다고 해. 정말 큰 도자기 공장이었지?

▲ 분원에서 제작했던 증표가 바닥에 선명한 **백자천명발** 경기도자박물관 소장

영조 임금이 사옹원 도제조였다?

　영조는 조선시대 문화의 꽃을 활짝 피게 한 임금이었어. 임금이 되기 전 사옹원의 도제조를 지낼 정도로 도자기에 대한 관심이 높았단다. 임금이 된 후에도 조선 특유의 백자를 만들게 하는데 든든한 후원자였지. 시와 글씨, 그림에도 뛰어났던 영조는 도자기의 밑그림을 그려 분원에서 구워 오게 했다고 하는구나.

도자기는 깨진 파편도 중요하다? 형체를 알 수 없이 깨진 도자기 조각(파편)이지만 이 조각들이야말로 천 년 전 또는 오백 년 전의 도자기를 이해하는 중요한 단서를 제공한단다. 흙의 종류, 유약의 성질, 어떤 방법으로 만들었는지를 연구하는데 아주 중요한 자료야. 그래서 유물 발굴 현장에서 나오는 옹기 파편 하나, 백자 파편 하나가 귀중하게 여겨지는 것이란다.

▲ 청자 파편

▲ 분청사기 파편

▲ 백자 파편

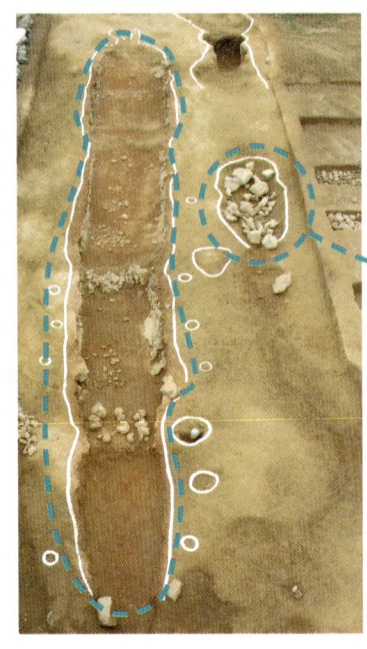

◀ 경기 광주
송정동조선백자가마터

파편에서도 멋진 문양이 보여

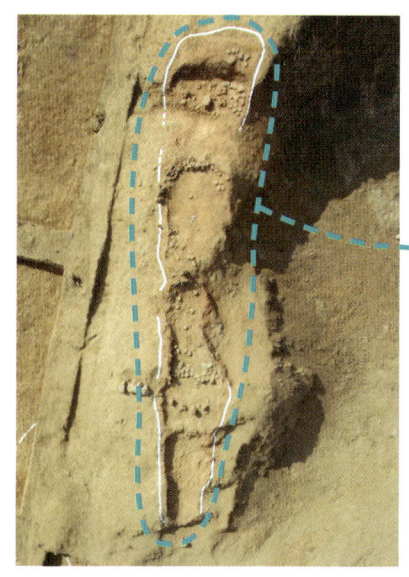

▲ 경기 광주 **신대리조선백자가마터**

▲ 경기 가평 **하판리조선백자가마터**

온 몸으로
상감청자를 만든
어느 도공의
슬픈 이야기

전남 강진의 어느 마을에 몇 대째 도자기를 만들어 오고 있는 늙은 도공이 있었단다. 도공은 도자기 기술을 배우려는 제자들과 딸 '옥희'와 함께 살았지. 옥희는 이른 새벽부터 저녁 늦게까지 아버지와 제자들의 끼니를 챙기고 일손을 도우며 지냈단다. 어여쁘고 마음씨 고운 옥희를 좋아하는 총각들이 많았어. 제자들 가운데 치수와 설리도 그 중의 하나였지.

도공의 딸을 사모하던 치수는 어느 날 고백을 했어.
"내 마음을 받아주오. 나도 이제 청자를 구울 수 있게 되었으니 가정을 꾸릴 수가 있을 것이오."
"아버님 말씀으로는 저희 가마 그릇이 아직 멀었다고 하던데……. 저는 아버님께서 훌륭한 청자를 만들 때까지 아버님 곁을 떠날 수 없어요."
"그런 말 마시오. 우리 가마의 청자가 얼마나 비싸게 팔리는지 잘 알잖소? 나라님도 칭찬하는 그릇이라던데, 스승님께서는 어떤 생각을 하시는지……."
"아직은 때가 아니랍니다."

매정하게 돌아서는 옥희의 모습에 어찌할 바를 모르던 치수는 스승을 찾아갔단다.
"저희 가마에서 나오는 청자는 최고 수준에 이르렀습니다. 이제는 저도 가마터를 잡아 제자를 기르고 싶습니다. 그러니 따님을 저에게 주십시오."
늙은 도공은 조용히 말했어.
"상감 기술을 완성하지 못하지 않았느냐? 그리고 빛깔도 아직 경지에 이르지 못했다. 그러니 아직은 네가 이곳에서 할 일이 남았구나."

그런데 말이야. 사실 옥희는 설리에게 마음을 주고 있었어. 그걸 알게 된 치수는 너무도 괴로워서 다 만들어진 청자를 부수고 한바탕 난리를 쳤단다.
그러자, 늙은 도공은 치수와 설리를 한자리에 불렀어.

"지금 우리에겐 상감기술을 완성하는 것이 시급하다. 먼저 상감기술을 완성하는 사람에게 내 딸을 주도록 할 테니 그리 알거라."

다음날부터 둘은 상감청자를 만드는데 매진했어. 수많은 청자가 만들어지고 부수어졌지. 몇 달의 시간이 흘렀지만 둘 중 누구도 상감청자를 완성하지 못했단다. 달빛이 아름다운 어느 보름날 밤, 치수는 둥근 달 위로 지나가는 구름과 기러기를 보았어.

"저렇게 아름다운 모습을 청자에 담을 수만 있다면……."

그 찰나 어떤 생각이 스쳤는지 치수는 자리에서 벌떡 일어나 가마로 달려가더니 물레를 돌리기 시작했지. 며칠 동안 물레만 돌리던 치수는 허리가 잘록한 병을 만들고 그 위에 아름다운 구름과 하늘을 나는 학을 새겨 넣었단다. 조각칼로 새겨낸 구름과 학 안에는 하얀 흙을 채워 넣었지. 상감청자를 만드는 거였어. 초벌구이를 마치고 유약을 정성스럽게 발라 다시 한 번 구우면 이제 완성되는 거야. 그 순간 치수는 옥희를 얻기 위해서가 아니라 상감청자를 완성하기 위해 최선을 다하고 있는 자신을 보았어.

치수는 도자기의 완성을 위해 가마에 마지막 불을 땠어. 점점 뜨거워지는 가마 옆에서 옥희의 얼굴이 떠올랐고 연이어 완성된 상감청자가 떠올랐단다.

"상감청자를 완성하기 위해 내가 무엇을 더 할 수 있을까?"

가마의 불길을 물끄러미 쳐다보던 치수는 불이 활활 타오르는 가마의 아궁이를 향해 조금씩조금씩 다가갔어. 뜨거운 불길 속으로 자신의 몸을 집어넣으면서 치수는 중얼거렸어.

"드디어 완성되는구나……."

치수가 온 몸을 던져서 만든 상감청자는 참으로 아름다웠어.

늙은 도공도, 설리도 그 누구도 보지 못했던 아름다운 상감청자를 치수는 그렇게 자기 자신을 태워 만들었단다.

2층 상설전시실

 세상에서 으뜸가는 고려청자

　청자는 중국에서 처음 만들어졌는데, 청자의 탄생은 옥과 관련이 많아. 중국에서는 옥이 행운을 가져다주고, 죽은 후의 세상을 보장해준다고 믿었기 때문에 옥을 가지고 싶어 하는 사람들이 많았어. 그런데 옥이 아주 비싸다는 게 문제였지. 흙으로도 옥을 만들 수 있지 않을까? 생각한 수많은 도공들의 노력 끝에 3세기에 이르러 옥과 비슷한 색깔의 청자를 만드는데 성공했단다.

　우리나라는 중국의 자기 기술을 연구하여 9, 10세기쯤에 청자를 처음 만들어냈어. 그리고 열심히 노력해 중국보다도 뛰어나고, 세계 어느 나라도 흉내 낼 수 없는 훌륭한 빛깔의 청자를 만들게 돼.

　청자는 당시 개경에 사는 고려의 왕실과 귀족사회에서 주로 사용되었어. 장식품뿐만 아니라 주전자, 숟가락, 심지어 기와와 베갯모, 바둑판, 의자까지도 청자로 만들어 썼으니 고려인의 청자 사랑도, 청자를 만드는 기술도 대단하다는 것을 알 수 있지?

　고려만의 색, 비색청자 처음에는 중국의 것을 닮은 청자가 만들어졌지만 점차 고려 사람들의 문화와 생각을 담는 모양과 무늬, 그리고 색깔을 갖추게 돼. 11세기 무렵부터는 고려만의 품질 좋은 청자가 만들어지는데 12세기에 이르러 최고 수준의 청자가 탄생한단다. 이때의 청자가 바로 세계 최고의 예술품으로 칭송받는 비색청자야. 마치 하늘빛을 머금은 듯한 푸른 빛이 돌아서 비(翡 비취옥 비)색이라 이름을 붙였나봐.

　당시 중국 송나라 사람들도 고려청자의 색을 부러워했다고 해. 중국의

〈수중금〉이라는 책에는 세상에서 제일 좋은 것 열 가지가 기록되어 있는데 '고려 비색청자가 천하제일의 하나'라고 할 정도였어. 청자를 처음 만든 중국보다도 청자를 만드는 실력이 뛰어나다는 것을 인정받은 거야.

세계가 감탄할만한 신비로운 비취색은 어디서 오는 걸까? 바로 철과 불의 신비로운 만남 속에서 탄생해. 청자를 만드는 흙에는 적은 양의 철분이 들어 있는데, 이 철분이 가마 속에서 불꽃과 결합하여 청록색의 오묘한 빛깔을 띠게 된단다. 이처럼 아름다운 청자를 만드는 기술이 보통 어려운 게 아니어서 현대과학으로도 최근에서야 그 비밀을 알아냈다고 해.

▲ **청자음각앵무문발**
경기도자박물관 소장

청자의 자랑, 상감청자 12세기 후반부터는 상감청자가 만들어져. 상감청자는 비색청자와 함께 고려청자의 가장 큰 자랑거리란다. 상감기법은 무늬를 파내고 그 홈에 도자기와 다른 흙으로 메워서 구워내는 것이라고 말한 것 기억하지? 그런데 도자기를 만드는 흙과 무늬를 채워 넣은 흙의 성질은 서로 달라. 그래서 1200도 이상에서 구우면 늘어나고 줄어드는 정도가 서로 다르지. 무늬가 들뜨거나 구멍이 생기고, 아니면 아예 뭉개지기도 하는 문제가 생기거든.

고려 도공들은 이런 어려움을 해결하고 자유자재로 상감기법을 사용했어. 또 무늬를 강조하기 위해 유약을 두껍게 씌웠던 비색청자와는 다르게 유약을 얇고 투명하게 발라 예술성을 한껏 높였단다.

청자를 빛나게 한 무늬는? 청자를 가만히 보고 있으면 청자의 푸른 바탕이 하늘이 되고, 또 물이 되어 그 위에서 구름과 학, 물새들이 노니는 것처럼 보인단다. 하늘세계를 상징하는 구름과 학을 보면서 고려인들은 영원을 꿈꾸었나봐. 불교사상으로 말하면 괴로움이 없는 세상을 그리워하는 마음을 표현한 것으로도 볼 수 있단다.

불교가 융성했던 고려시대에 만들어진 청자에는 진흙탕 물에서도 아름다운 꽃을 피우는 연꽃이 많이 그려지기도 했어. 소박한 모양의 들국화도 즐겨 쓰였는데 자연으로 돌아가 살고 싶은 고려인들의 마음을 담은 것 같아.

▲ 청자를 연못 삼아 꽃을 피우다
청자상감연지문편병

▲ 비색 하늘에 앵무새 날다
청자음각앵무문발

▲ 좋은 세상을 바라는 마음을 담은 그릇
청자음각보상화문발

모양도 가지가지, 상형청자 청자의 빼어난 솜씨와 아름다움은 상형청자에서 빛을 발해. 사자나 오리, 사람, 거북 등 어떤 모양을 그대로 본떠서 만든 청자를 상형청자라고 한다. 흙으로 모양이 흐트러지지 않게 어떻게 저렇게 정교하게 빚어 구웠는지 가만히 보면 정말 놀라워. 정말 감탄사가 절로 나오지 않니?

▲ 정교하게 모양을 다듬은
청자투각칠보문향로
국립중앙박물관 소장

화장한 청자, 분청사기

분청사기는 세계에서 유일하게 우리나라에서만 만들어졌던 도자기란다. 백자와 함께 조선시대를 대표하는 도자기로 조선 초기에 많이 만들어졌어. '분청사기'는 '분장회청사기'의 줄임말인데 아주 간단하게 말하자면, 청자가 곱게 분을 바르고 화장을 했다고 생각하면 돼. 청자는 귀족들이 주로 사용했다면 분청사기는 일반 백성들도 즐겨 사용했다는 점에 차이가 있어.

왜 화장을 하게 되었을까? 14세기 무렵, 고려 말기에는 남해안과 서해안 일대에 왜구의 침입이 잦아 아주 혼란스러웠어. 전남 강진과 전북 부안에 있던 청자 가마들도 큰 피해를 입었지. 도공들은 뿔뿔이 흩어져 피난을 가야만 했단다.

피난지에서 도공들은 청자를 만들려고 했지만 전에 만들던 청자의 색이 살아나지 않았어. 흙의 품질이 좋지 않았기 때문에 도저히 안 되는 거야. 도공들은 생각했지. 어떻게 하면 될까? 그러던 어느 날 그릇의 겉면에 하얀색의 흙을 바르고 회청색의 유약을 발라 구웠는데, 글쎄 청자와는 또 다른 멋진 도자기가 탄생하지 않았겠니?

그게 바로 분청사기야. 초기의 분청사기는 청자와 거의 구분이 안될 만큼 비슷하게 생겼단다.

▲ **분청상감초화문매병**
경기도자박물관 소장

▲ **분청상감연화문매병**
경기도자박물관 소장

분청사기의 화장법은 일곱 가지? 분청사기의 가장 큰 매력은 모양새나 무늬가 격식에 얽매이지 않아 자유분방하고, 활력이 넘치는 데 있어. 청자를 장식했던 연꽃, 버드나무, 국화, 물고기, 모란 등의 무늬도 분청사기에 여전히 등장하지만 그 모습이 완전히 새롭게 변신됐다는 사실! 분청사기

난 물이나 술을 담았지. 내 몸에 그려진 꽃은 진흙탕 물에서도 아름답게 핀단다. 나는 누구?

분청상감연화문매병
경기도자박물관 소장

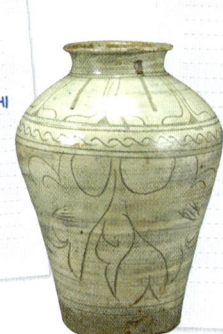

나는 몸 모양부터 달라. 좀 통통하지. 그래서 오래 먹는 음식이나 저장할 것들을 담아. 하얀 선으로 선명하고 크게 그려진 무늬는 부귀영화를 가져다주는 꽃이란다.

분청조화모란문항아리
경기도자박물관 소장

상감기법 무늬를 파낸 홈에 백토나 자토를 채워 유약을 발라 구워내는 기법! 백토는 하얀 무늬로, 자토는 까만 무늬로 나타나.

조화기법 백토를 바른 다음, 뾰족한 조각칼로 무늬를 새기는 방법을 말해.

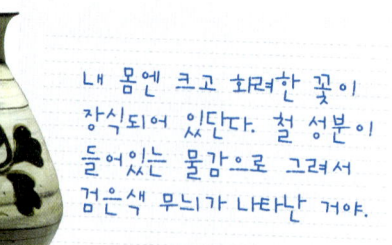

내 몸엔 크고 화려한 꽃이 장식되어 있단다. 철 성분이 들어있는 물감으로 그려서 검은색 무늬가 나타난 거야.

분청철화모란문병
경기도자박물관 소장

나는 차나 국, 국물이 들어가는 음식을 주로 담아. 똑같은 모양의 무늬가 계속 이어져 있단다. 날 자세히 보면 내가 만들어진 관청을 알 수 있어.

분청인화명대접 경기도자박물관 소장

철화기법 백토를 바른 다음, 철분이 많은 물감을 붓에 묻혀 그리지.

인화기법 무늬를 판 도장을 꾹꾹 눌러 찍어서 표현한단다.

에서는 무늬의 특성이 살아나면서도 대담하게 생략하거나 변형되어 표현되었거든. 이런 자유분방하고 개성이 넘치는 분청사기는 오늘날에도 인기가 많단다.

분청사기에 무늬를 넣는 방법은 청자의 상감기법, 철화기법들이 사용되었고 또 새로운 방법들이 등장했단다. 분청사기의 일곱 가지 화장법은 유명하니 눈여겨보렴.

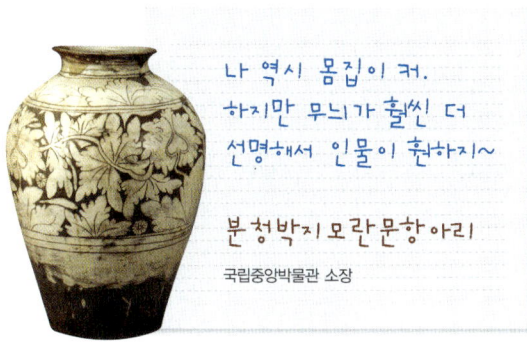

박지기법 그릇 전체에 백토를 바른 다음, 무늬 부분을 뺀 백토부분을 긁어내는 방법이지.

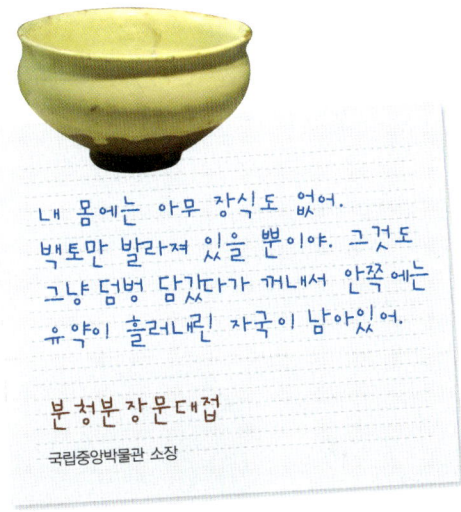

덤벙(분장)기법 백토물에 그릇을 아예 덤벙 담갔다가 꺼내는 방법을 말하는 거란다.

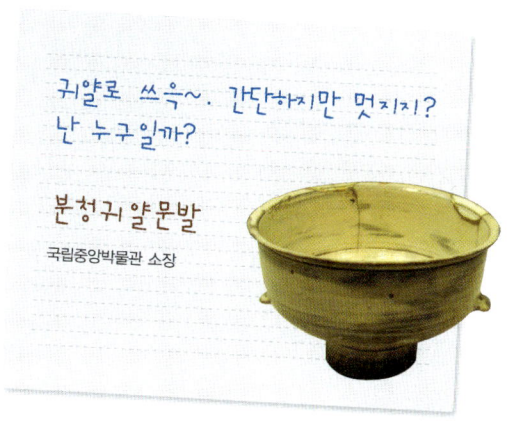

귀얄기법 귀얄은 풀을 바르거나 칠할 때 쓰는 넓적한 솔이야. 귀얄에 백토를 듬뿍 묻혀 도자기에 쓱 돌려 칠한단다. 그러면 도자기 위에 솔이 가는 대로 무늬가 되어 살아나는 거지.

명품 개밥그릇 이야기

백성들은 밥그릇으로 쓰던 사발에 금이 가거나 귀퉁이가 깨지면 개밥그릇으로 사용하기도 했단다. 금이 가긴 했어도 도자기 그릇에 밥을 먹으니 개도 기분이 나쁘진 않았을 거야.

그러던 어느 날이었어.

마을을 지나가던 나그네는 목이 너무 마른 거야. 날이 무척 더웠거든.

길 가에 있는 집으로 들어가 물 한 사발을 청했어. 집 주인이 마당의 우물에서 시원한 물을 길어 주니 벌컥벌컥 받아 마셨지.

"물맛이 기가 막히게 좋구려. 고맙소이다." 인사를 하고 집을 나서려는데 마당 한쪽에서 밥을 먹고 있는 개가 눈에 들어 온 거야. 꼭 집어서 말하면 개가 아니라 개의 밥그릇에서 광채가 나는 것처럼 보이지 뭐야?

평소 도자기를 좋아하는 나그네는 한눈에 그 개밥그릇이 명품인 걸 알아차렸어. 그렇다고 개밥그릇을 사자니 체면이 안 섰단다. 나그네는 궁리 끝에 개를 사기로 했어.

"이보시오, 저 개가 아주 마음에 드는구려. 나한테 팔면 어떻겠소?"

집주인은 기다렸다는 듯이 개를 내어 주는 거야. 좀 비싸긴 했지만 개밥그릇까지 얻어갈 생각에 나그네는 웃음이 실실 나왔어. 값을 치른 후, 개를 끌고 사립짝 바깥으로 나가면서 점잖게 주인에게 한 마디 했어.

"이제 저 개밥그릇은 필요 없을 터, 개와 함께 주시면 어떻겠소?"

그때 주인이 정색을 하며 이렇게 말하는 거야.

"무슨 말씀을 하시오? 그 개밥그릇 때문에 판 개가 몇 마리나 되는지 알고 하시는 소리요?"

나그네는 뒤통수를 쳤지만 어쩌겠어? 개를 끌고 먼 길을 돌아갔다나~ 똑바로 갔다나~ 아무도 몰라~몰라~.

조선의 마음을 담은 백자

　백자는 순백색을 자랑한단다. 온화한 흰색과 아름다운 곡선, 꾸밈없는 형태, 소박한 모습으로 조선 사람들의 마음과 문화를 그대로 담아낸 그릇이야. 흰색을 유난히 좋아했던 우리 민족과도 잘 어울렸던 백자는 고려초기부터 청자와 함께 만들어지기도 했지만 조선시대에 들어오면서 많은 사랑을 받았단다.

　백자를 만드는 기술이 궁금하다고? 백자는 어디에서 왔을까? 정답! 흙에서! 빙고! 흙 중에서도 가장 순수하고 질이 좋은 흙, 백토(고령토)로 만들어진단다. 백자가 청자보다 만들기 어려운 점은 바로 흙을 찾아내는 일과 가마의 굽는 온도였어. 청자에 비해 백자는 더 높은 온도에서 구워내야 했으니까 어려웠던 거야. 백자를 만드는 기술은 중국과 우리나라에서만 가능했던 당시 최고의 기술이었어. 일본은 임진왜란 때 조선의 도공들을 강제로 끌고 가서 그들의 힘을 빌려 비로소 자기를 생산할 수 있게 되었단다.

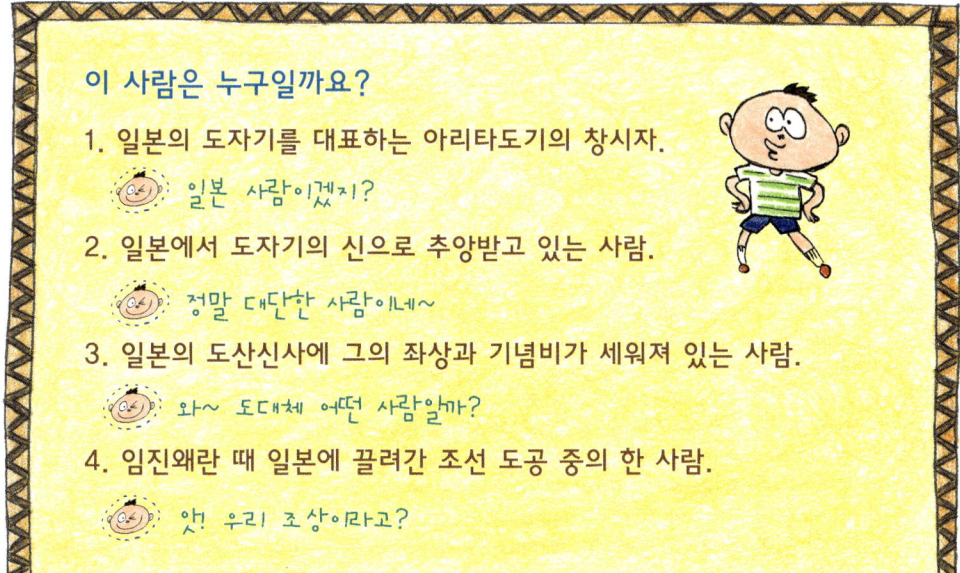

이 사람은 누구일까요?
1. 일본의 도자기를 대표하는 아리타도기의 창시자.
　일본 사람이겠지?
2. 일본에서 도자기의 신으로 추앙받고 있는 사람.
　정말 대단한 사람이네~
3. 일본의 도산신사에 그의 좌상과 기념비가 세워져 있는 사람.
　와~ 도대체 어떤 사람일까?
4. 임진왜란 때 일본에 끌려간 조선 도공 중의 한 사람.
　앗! 우리 조상이라고?

정답 ▶ 조선 백자 도공이자 고령토의 아버지 이삼평!!

백자는 형제도 많아 백자의 기본은 아무런 장식도 없이 백토와 유약만으로 만들어진 순백자야. 이 순백자에 어떤 방법으로, 어떤 종류의 물감을 사용해 무늬를 장식했느냐에 따라 상감백자, 청화백자, 철화백자, 동화백자로 나눠져.

▲ 사자장식뚜껑향로
경기도자박물관 소장

▲ 백자소문병
경기도자박물관 소장

● **상감백자**는 조선 초기인 14세기부터 15세기 후반까지 만들어졌단다. 고려청자의 상감기법과 분청의 느낌이 어우러져 있지만 엄연히 백자에 속한단다.

▶ 백자상감모란문대접
경기도자박물관 소장

● **청화백자**는 15세기 후반부터 만들어지기 시작해. 중국에서 푸른색을 내는 값비싼 코발트 안료를 수입해야 했기 때문에 초기엔 왕실에서만 사용했단다.

그런데 안료를 구하기가 점점 어렵게 되자 만들지 못했어. 18세기에 경제사정이 좋아지면서 청화백자는 제2의 전성기를 맞게 되었지. 이때가 영조, 정조 때인데 당당한 자태와 섬세한 문양이 돋보여. 나중에는 서민들까지도 청화백자를 사용하게 되자 여러 가지 그릇이 만들어졌지만 품위는 떨어졌단다.

▲ **백자청화모란문주자**
경기도자박물관 소장

▲ **백자청화불수감문발**
경기도자박물관 소장

▲ **백자청화칠보문병**
경기도자박물관 소장

● **철화백자**는 값비싼 코발트 안료를 쓰는 청화백자를 대신해 많이 만들어졌어. 철 안료로 그림을 그리기가 어려워 세밀한 문양보다는 과감하게 표현한 문양들이 많아.

▲ **백자철화죽문병**
경기도자박물관 소장

▲ **백자철화초문병**
경기도자박물관 소장

▲ **백자철화초문병**
경기도자박물관 소장

▲ **백자철화초문항아리**
경기도자박물관 소장

달항아리 조선은 '항아리의 나라'라고도 했어. 왜냐하면 그만큼 항아리가 많이 만들어졌거든. 그 중에서 달을 닮았다는 달항아리는 17세기 후반에서 18세기에 만들어졌어. 넉넉하게 둥근 모양새를 뽐내고 있는데 높이가 40-45cm 나 된단다. 이렇게 크고 둥근 항아리는 지구상의 어느 나라에서도 만들 수 없었어. 오직 우리나라에서만 만들어졌지.

그런데 잘 보면 아래와 위, 두개를 이어 붙인 자국이 보여. 항아리가 커서 물레로 한 번에 만들 수 없자 위, 아래를 따로 만들어 붙인 거야. 똑바르진 않지만 비스듬하게 둥근 모양이 오히려 푸근하고 넉넉한 멋을 느끼게 한단다. 위, 아래를 따로 만들어서 붙여 굽다 보면 서로 틀어져 만들기 어려웠을 텐데도 마치 한 몸처럼 완성되었으니 놀라울 뿐이야.

▲ **달항아리**
국립중앙박물관 소장

▲ **백자소문항아리**
경기도자박물관 소장

청화백자가 도화지라고? 청화백자에는 푸른 용이 푸른 하늘로 오르고, 구름을 탄 푸른 학도 등장해. 또 저 멀리 산과 잔잔한 강에서 낚시를 즐기는 선비의 모습도 여유롭단다. 마치 한 폭의 산수화를 보는 듯하지? 물론 행복하게 오래 살기를 꿈꾸는 마음은 백자에서도 다르지 않아. 커다란 항아리에 그려진 모란, 장생무늬, 국화꽃 등에 그 소망을 담았단다.

◀ **백자청화장생문항아리**
경기도자박물관 소장

● **용맹스런 용** 청화백자에 그려진 용은 멋진 갈기를 휘날리며 등장해. 그런데 임금님만 사용할 수 있는 용 문양에 보통 사람들도 점점 욕심을 냈어. 그래서 누가 볼까 염려되었는지 구름으로 살짝 몸을 가리기도 하고, 얼굴을 삐딱하게 해서 용은 용인데 용이 아닌 것처럼 그려서 사용했단다.

나도 용일까?
나를 잘 봐 줘. 나는 내가 누구인지 잘 모르겠어. 구름 속에 살짝 가려지고, 삐딱한 몸에 얼굴은 글쎄 누굴 닮은 것 같기도 하고 말이야.
'용은 용인데 용이 아닌 용'이 내 이름이라고?

▶ **백자철화운용문항아리**
경기도자박물관 소장

▲ 왕을 상징하는 용을 그린
백자청화운용문항아리
경기도자박물관 소장

▲ 왕비를 상징하는 봉황을 그린
백자청화운봉문항아리
경기도자박물관 소장

왕과 왕비를 상징하는 부부 도자기구나.

● **한 폭의 산수화** 사군자는 매화와 국화, 난초, 대나무를 뜻하는 것 알지? 도자기에도 선비들을 상징하는 사군자가 문양으로 많이 그려졌어. 또 마치 종이 위에 그려진 산수화처럼 도자기에도 산과 물 풍경을 그려 넣었단다. 세상 일을 잊고 자연 속에 묻혀 살고 싶은 선비들의 마음을 그대로 담은 것일까?

▲ 먹을 가는 순간에도 자연에 심취하다
백자청화산수문사각연적
경기도자박물관 소장

▲ 항아리를 빙 둘러 뛰어다니는 두 사슴과 학, 대나무, 소나무가 멋스러운 **백자청화장생문항아리**

● **행복을 빌어요** 오래오래 건강하게, 출세하고 성공하며, 자손 많이 낳고 부자로 살기를 염원하는 마음은 도자기에도 단골로 등장한단다. 모란꽃이 핀 커다란 대접엔 부귀영화가, 수(壽)자를 크게 쓴 대접에는 오래 오래 살고 싶은 소망이 담겨 있어.

▲ 모란꽃처럼 풍성하여라
백자청화모란문대발
경기도자박물관 소장

▲ **백자청화수(壽)문발**
경기도자박물관 소장

▲ 나비와 꽃의 행복한 어울림
백자청화국화접문병
경기도자박물관 소장

● 경기도자박물관 분원

분원백자자료관

위치 ▶ 경기도 광주시 남종면 분원리 116
전화 ▶ 031-766-8465
홈페이지 ▶ www.bunwon.or.kr

박물관 소개

이곳은 조선 왕실의 마지막 가마터인 분원리 가마터에 만들어진 전시관이야. 발굴 현장을 잘 보호하기 위해 건물을 짓지 않고 현장에 있던 폐교를 고쳐서 멋진 전시장을 만들었단다. 1752년 분원리로 옮겨 온 분원에서는 1883년까지 130년 동안 백자의 마지막 혼을 불태웠어. 전시관을 휘도는 한강과 길가에 차이는 도자기의 파편들이 마치 그때의 이야기를 전해주는 것 같아.

 또 다른 도자박물관

강진청자박물관
위치 ▶ 전남 강진군 대구면 사당리 117
전화 ▶ 061-430-3710
홈페이지 ▶ www.celadon.go.kr

부안청자박물관
위치 ▶ 전북 부안군 보안면 유천리 798-4
전화 ▶ 063-580-4381, 063-580-4387
홈페이지 ▶ www.buancela.go.kr

▼ 전시장 전경

▶ 땅 속에 도자기 유물과 파편이 박혀있는 모습

김해분청도자관
위치 ▶ 김해시 진례면 송정리 360
전화 ▶ 055-345-6037
홈페이지 ▶ www.buncheong.net

옹기민속박물관
위치 ▶ 서울특별시 도봉구 쌍문동 497-15
전화 ▶ 02-900-0900, 900-0399
홈페이지 ▶ www.onggimuseum.org

문경도자기전시관
위치 ▶ 경북 문경시 문경읍 진안리 360-10
전화 ▶ 054-550-6416
홈페이지 ▶ http://dojagi.mungyeong.net

| 경기도자박물관 현장활동지 |

나는 어디쯤?

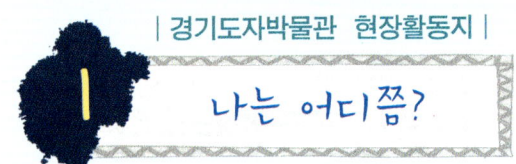 인류가 정착생활을 하면서 만들어진 도자기는 오늘날까지 사용되고 있습니다. 네모 상자 안의 낱말을 이용해 아래의 마인드맵을 완성해 보세요.

도토, 500~1000도, 빗살무늬토기, 붉은간토기, 옹기(항아리), 토우 항아리, 자토(고령토), 유약, 가마, 1200-1300도, 분청사기, 청자, 백자, 신석기시대, 청동기시대, 삼국시대, 고려시대, 조선시대

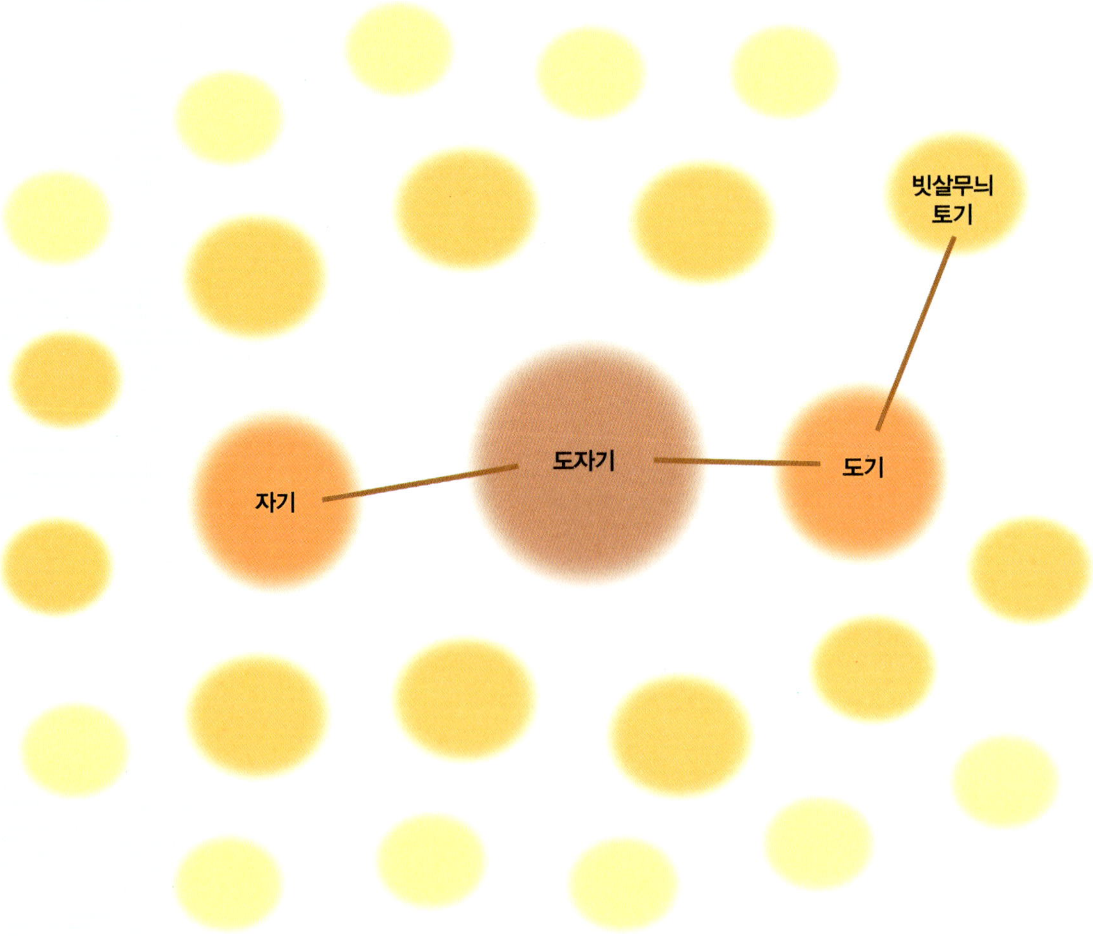

- 도자기
  - 자기
  - 도기
    - 빗살무늬토기

144

맛있는 밥상 차리기 2

마음에 드는 도자기를 골라 나를 위한 멋진 밥상을 차려 볼까요?
네모 상자 안에 있는 도자기를 골라 상 위에 그려 보세요.

145

3 도자기 집안 아이들

도자기 집안에 아이들이 태어났어요. 이름은 분청사기, 백자, 청자입니다. 그런데 누가 첫째이고 둘째인지 모르겠어요. 도자기 집안에 아이들이 태어난 순서를 알아볼까요?

첫째 · 분청사기
둘째 · 조선백자
셋째 · 고려청자

형제인데 피부색도, 모양도 무늬도
다 다르다고? 아니야~ 잘 봐.
피부색과 모양은 달라도 모두
똑 같이 모란 문양을 가지고 있단다.
그 중에서 마음에 드는 모란을
골라서 그려볼까?

도자기 지식이 쑥쑥 자라는 퍼즐놀이

 아래의 퍼즐을 완성해 볼까요? 가로세로의 힌트를 보며 퀴즈를 풀다보면 도자기 박사가 될 거예요.

〈가로 열쇠〉

1. 도자기들은 모두 내 몸 속에 들어왔다 나가야지 더욱 단단해집니다. 높은 온도로 도자기를 구울 수 있도록 만든 장치랍니다.

2. 자기를 만드는 원료로 땅 속 깊은 곳에 있습니다. 우리나라는 경기도 광주, 전남 강진, 양구, 경남 하동 등지에서 나온답니다.

3. 우리나라 신석기시대의 대표적인 토기로 빗살무늬가 겉면에 새겨져 있답니다.

4. 왕실도자기를 만들던 곳입니다. 궁궐로 운반하기 쉽고 질 좋은 흙과 땔감이 많은 지역에 세웠지요.

5. 도자기에 무늬를 넣는 방법 중 하나로 우리나라에서만 독특하게 사용된 것이랍니다. 적당히 마른 도자기 겉면에 문양을 새기고 그 사이에 다른 색 흙을 채워 무늬를 표현합니다.

6. 외국에서 수입된 비싼 코발트 물감을 사용해서 문양을 그린 다음 유약을 발라 구워낸 푸른색 문양의 백자랍니다.

7. 달을 닮았다고 해서 지어진 이름이지요. 하얀색의 이 항아리는 너무 커서 위 아래를 따로 만들어 붙여야 했답니다.

〈세로 열쇠〉

1. 흙으로 만들어진 이것은 냄새와 맛은 없지만 뜨거운 불을 잘 참아야 완성된답니다. 도기와 자기로 나눌 수 있습니다.

2. 붉은 찰흙으로 빚어 800도 이내의 온도에서 구워진 그릇으로 불투명하고, 탁한 소리를 내지요.

3. 자토(고령토)라는 흙으로 만들어지는 이것은 1200도 이상의 온도로 구워야만 비로소 완성됩니다.

4. 청자가 화장한 도자기입니다. 자유분방한 모양과 무늬로 인기를 끌고 있지요.

5. 나무를 태운 재와 흙을 섞어 만듭니다. 이것을 발라 구우면 도자기가 매끈거리면서 반짝반짝 광택도 난답니다.

6. 고려시대에 만들어진 것으로 오묘한 비취색을 띠는 도자기입니다. 중국에서도 탐내는 세계적으로 유명한 도자기가 되었지요.